Setz dich hin und tue nichts

LI ZHI-CHANG
Setz dich hin und tue nichts
DAS BUCH DER ENTSPANNUNG

**HERAUSGEGEBEN UND BEARBEITET
VON MICHAEL CORNELIUS**

WILHELM HEYNE VERLAG
MÜNCHEN

Fotografie: Jürgen Schlagenhof
Gestaltung: Tom Ising für HERBURG WEILAND
Konzept und Text: Michael Cornelius

3. Auflage 2004

Copyright © 2002 by Wilhelm Heyne Verlag, München
in der Verlagsgruppe Random House GmbH
Umschlaggestaltung: Tom Ising für HERBURG WEILAND, unter Verwendung eines
Fotos von Jürgen Schlagenhof
Assistenz Fotografie: Gregor Eisele
Fine Art Prints: Christel Jodexnus
Kalligraphien: Chung Yu
Druck und Bindung: Druckerei Ernst Uhl GmbH & Co. KG
Printed in Germany
ISBN 3-453-21166-9

INHALT

Vorwort: Fahr lieber Automatik
Meister Lis kleine Fahrschule der Entspannung — 6

Lektion 1 Montag — 18
Einatmen, ausatmen – Wie man zur Ruhe kommt

Lektion 2 Dienstag — 38
Nichts tun – Wie man die Sinne entspannt

Lektion 3 Mittwoch — 56
Die Balance finden – Wie man mit dem Bauch denkt

Lektion 4 Donnerstag — 74
Rückgrat zeigen – Wie man die Wirbelsäule entspannt

Lektion 5 Freitag — 94
Locker bleiben – Wie man seine Glieder entspannt

Lektion 6 Samstag — 112
Blaumachen – Wie Farben den Körper entspannen

Lektion 7 Sonntag — 130
Das Glück speichern – Wie man die Gelassenheit lernt

Porträt: Buddha der Großstadt — 150
Meister Lis Kunst der Gelassenheit

Auf einen Blick: Eine Woche Entspannung — 162

Register, Danksagung, Kontakt — 170

Vorwort

Fahr lieber Automatik

MEISTER LIS KLEINE FAHRSCHULE DER ENTSPANNUNG

AUF DEM WEG ZUR ENTSPANNUNG

Wenn Meister Li am Steuer sitzt, verwandelt er sich in die Ruhe in Person. »Wir sollten wie die gemütlichen Schildkröten sein«, sagt er. »Leider sind wir wie die hektischen Kolibris, die von einer Blume zur anderen fliegen, ohne zu verweilen.« Entspannung zu lernen ist einfacher als Auto fahren: Übung macht den Meister – dann kann man entspannt auf Automatik schalten.

STELLEN WIR UNS MAL KURZ einen weisen chinesischen Meister als einen Fahrlehrer vor. Was würde er uns beibringen? Vielleicht, wie man richtig im Stau steht und seine Gedanken fliegen lässt? Oder wie man selbst im dichten Berufsverkehr sein Auto wie einen Fisch im Wasser schwimmen lässt? Gut möglich wäre das, wenn Meister Li am Steuer säße. Ganz entspannt, mit dem Lächeln eines Weisen auf den Lippen.

Meister Li lehrt die Kunst des Lockerbleibens. »Gelassenheit zu erreichen«, sagt er, »war im alten China das höchste aller Ziele.« Nichts zu tun, aber alles zu erreichen, war das Prinzip des »Wu Wei«. Zu handeln, ohne zu handeln – oder wie das die Philosophen ausgedrückt haben: Die Strömung des Flusses nutzen, um sicher ans Ufer zu gelangen. »Gelassen zu sein ist eine Frage der Übung und der richtigen Einstellung.« So wie man Klavier spielen lernt oder Auto fahren. Je mehr Praxis einer hat, umso müheloser geht es voran.

DAS GEHEIMNIS DER KATZE

Das ist Herr Li mit seinem Lieblingskater. Er fand ihn als ausgesetztes Baby im Wald. »In China ist man überzeugt davon, dass Katzen eine Seele haben«, sagt er. Als Qi-Gong-Meister bewundert Li die Geschmeidigkeit ihrer Bewegungen und die Fähigkeit der Katze, sich zu konzentrieren. »Manchmal sieht das aus, als würde sie so entspannt meditieren wie Buddha.«

Der Weg dorthin beginnt mit der Entspannung. Das ist leicht gesagt, denn was ist das eigentlich: Entspannung? Die Abwesenheit von Spannung? Nein. Entspannung ist vielmehr etwas Aktives. Es bedeutet, sich auszudehnen, »etwa so, wie sich der Stängel einer Blume aufrichtet, wenn sie gegossen wird«.

»Der Westen«, sagt Meister Li, »hat eigentlich keine genaue Vorstellung davon, was Entspannung ist. Jeder möchte gerne entspannt sein, aber schafft es nur viel zu selten. Alle denken, die Entspannung käme schon irgendwie automatisch, wenn man nur ein kleines bisschen weniger arbeitete. Ein schöner Traum. Aber am Wochenende, ja, da würde man sich dann schon entspannen.«

Doch wer dann schlapp auf dem Sofa rumhängt, ist bloß erschöpft, aber nicht entspannt. Genauso ist es bei den Weekend-Kurztrips in die Sonne. »Das gleicht eher einer Flucht ins nächste Extrem, ist mehr Ausdruck unserer Sehnsucht nach Ruhe.« Und wer gleich nach der Arbeit ins Fitnessstudio rennt, hetzt nur von einer Anspannung zur nächsten.

»Wir sind da wie die Kolibris, deren Flügel so schnell schlagen, dass wir sie nicht mehr wahrnehmen«, sagt Meister Li. »Ständig in Bewegung, fliegen wir von einer Blume zur nächsten, ohne zu verweilen.« Auch in Asien sei es im Grunde nicht viel anders. »Die Leute gehen vor Sonnenaufgang in den Park und machen ihre Übungen: So, als müssten sie ihre Pflicht erfüllen. Das ist keine ehrliche Entspannung. Es wäre besser, wenn wir uns alle von Zeit zu Zeit von hektischen Kolibris in gemütliche Schildkröten verwandelten.«

FAHR LIEBER AUTOMATIK
»Entspannung zu lernen ist einfacher als Auto fahren«, sagt Meister Li. »Stellen Sie sich einfach vor, Ihr Körper wäre das Fahrzeug. Und Ihre Gedanken wären die Räder, die das Auto rollen lassen.«

Die sieben Lektionen des Buchs funktionieren wie eine tägliche Fahrstunde in Sachen Entspannung. Erst lernt man die Regeln – und dann kann man getrost ganz entspannt auf Automatik schalten und Gas geben.

Entspannung beginnt im Kopf – mit klaren Gedanken. Mit Aufmerksamkeit und Konzentration. Das ist wie beim Feintuning. Um eine Sendung im Autoradio zu empfangen, muss erst das Gerät eingestellt werden. Drehen Sie Ihre Sinne jetzt auf die richtige Wellenlänge.

DIE WOCHE DER ENTSPANNUNG
Lernen Sie spielerisch in einer Woche Schritt für Schritt die Gelassenheit. Machen Sie sich locker. Nehmen Sie sich dafür bewusst jeden Tag ein paar Minuten Zeit. Schaffen Sie sich Ihren ganz persönlichen Freiraum, morgens oder abends, zu Hause, auf dem Weg zur Arbeit oder in der Mittagspause – und wenn es nur eine Fünf-Minuten-Oase ist. Die Übungen

im Buch sind einfach und können ohne großen Aufwand in jeder Alltagssituation gemacht werden. Gönnen Sie sich mal eine Woche der Entspannung!

Meister Lis kleine Fahrschule der Entspannung beginnt am Montag mit Lektion eins: Wie man richtig atmet – und endet am siebten Tag mit der Lektion über das Glück.

Auf keinen Fall sollte man die Übungen mit Verbissenheit angehen. Nur nicht verkrampfen. Es geht nicht darum, eine Diät zu machen. Schwere Gewichte zu heben. Sie müssen auch nicht schreien oder rückwärts gehen. »Der Mensch ist das einzige Lebewesen, das bei Stress oder vor Schreck die Zähne zusammenbeißt oder im Schlaf mit den Zähnen knirscht«, sagt Meister Li. Das führt nicht nur zu weiteren Verspannungen, es kostet auch viel körperliche Kraft. Erst kürzlich haben Sportmediziner bei Messungen herausgefunden, dass allein das Zähnezusammenbeißen 30 Prozent der Energie vernichtet. Beim Fußballclub Inter Mailand werden zum Beispiel die Elfmeter-Schützen darauf trainiert, den Unterkiefer locker zu halten, bevor sie auf den Ball treten. Genauso ist es bei Tennisspielern, die darauf beim Aufschlag achten sollen. Die berühmte japanische Marathonläuferin Takahashi läuft schon seit Jahren ganz bewusst entspannt mit lockerem Unterkiefer, während ihre Konkurrentinnen noch keuchend die Zähne zusammenbeißen. Die Muskeln des Kiefergelenks haben einen großen Einfluss auf die Leistung. In Asien ist diese Methode schon seit Jahrtausenden bekannt. Ob im Yoga oder bei den Kampfkünsten wie Kung Fu: Zu den simpelsten Entspannungsübungen gehört das bewusste Lockerlassen des Kiefergelenks. Meister Li hat diese und andere Entspannungstechniken aus seinem reichen Erfahrungsschatz der asiatischen Heilkünste für dieses Buch zusammengestellt.

Seit mehr als zehn Jahren lebt Meister Li in Deutschland. In München leitet er das Qi-Gong-Institut. Als einer der bekanntesten Großmeister

DAS ZEN DER KATZEN

Vielleicht sind Katzen ja gar keine Tiere, sondern verzauberte Wesen. In Asien werden sie seit Jahrtausenden verehrt. Sie strahlen Ruhe und Kraft aus. In einer alten Geschichte wird von einem scheinbar faulen Kater erzählt, der durch Nichtstun glücklich wurde. Wie die beiden Katzen des Herrn Li: »Zei Zei« und »Dung Dung« sind immer gut drauf. Kein Wunder, wenn man einen Meister als Chauffeur hat.

Chinas und Präsident der europäischen Qi-Gong-Gesellschaft hält er Vorträge und Seminare in ganz Deutschland, der Schweiz und Frankreich. Ausgebildet in den traditionellen Heilkünsten Chinas, Tibets und Indiens und als Arzt und Akupunkteur ist Meister Li Spezialist für verblüffend einfache Entspannungstricks. Viele davon haben sich schon seit Jahrtausenden bewährt. Die Übungen in dem Buch unterliegen keinem strengen Du-musst-System. Sie sind im Gegenteil ein flexibles, ein offenes Angebot, das jeder für sich ausprobieren kann. Selbst wenn Sie nur eine einzige Mini-Übung pro Tag machen, kann die Entspannung schon gelingen. Meister Li hat im »Buch der Entspannung« gerade an Menschen gedacht, die nur wenig Zeit haben. Es kommt nicht darauf an, wie viele Übungen man macht, sondern wie man sie macht.

WARUM LÖWEN KEINEN HERZINFARKT BEKOMMEN
Sie sollten die Sache mit der Entspannung nur nicht gleich durch hektisches Üben übertreiben. Auf das richtige Maß kommt es an. Auch das

»Nichtstun« will gelernt sein. »Kein Mensch schläft 40 Jahre, um danach 40 Jahre fit und wach zu sein«, sagt Meister Li. »Obwohl ich mir manchmal wünschte, ein fauler Löwe zu sein. Herzinfarkt und andere Krankheiten sind beim Löwen praktisch unbekannt. Denn der außerordentlich faule König der Tiere schläft von den 13 Jahren seines Lebens immerhin 11 Jahre.«

KATZEN HABEN KEINEN MUSKELKATER
Meister Li liebt Katzen. Und die »Kuchings« lieben ihn. Sein Liebling ist der Kater Zei Zei, den er vor Jahren durch Zufall im Wald fand, wo ihn jemand ausgesetzt hatte. »In China weiß man, dass Katzen eine Seele haben«, sagt Meister Li. Ihre ruhige Ausstrahlung und ihr geheimnisvolles Wesen faszinieren ihn. »In traditionellen Kampfkunstübungen gilt die Geschmeidigkeit der Katze als Vorbild. In einem alten Text heißt es: »Beobachte die Bewegungen deines Gegners lauernd wie eine Katze vor dem Sprung.« Katzen können warten. Sie sind entspannt und gleichzeitig voll konzentriert. »Die Biegsamkeit ihrer Gelenke und der Wirbelsäule ist unglaublich«, sagt Meister Li, der besonders die Fähigkeit seines Katers bewundert, sich zu konzentrieren, »als würde er meditieren«. In der berühmten »Geschichte von der weisen Katze, die die Ratte fangen kann«, wird von einem Fechtmeister erzählt, der versucht, eine fette Ratte in seinem Haus zu fangen. Wütend verfolgt er sie, aber die Ratte weicht mühelos jedem seiner Säbelschläge aus. Genauso versagen auch die eingebildeten Katzen aus der Nachbarschaft, die damit geprahlt hatten, zwei Meter hoch zu springen und durch jedes noch so kleine Mauseloch zu schlüpfen. Die Ratte entwischt auch ihnen. Erst einer unscheinbaren alten Katze gelingt das Kunststück. Sie geht einfach ganz ruhig und langsam in das Haus, ohne viel Aufhebens von sich zu machen. Aber die Ratte erschrickt und rührt sich nicht mehr vom Fleck. Ruhig und langsam näherte sich jetzt die Katze der Ratte, hob sie sanft mit dem Maul vom Boden auf und brachte sie dem Fechtmeister. Der wollte das Geheimnis der alten Katze wissen. »Ich versteh nichts von deiner Kunst«, sagte da

die alte Katze, »nur so viel: Du machst einen Fehler, wenn du glaubst, dass der Sinn deiner Fechtkunst darin liegen würde, über deinen Gegner zu siegen. Versuche, innerlich klar zu werden. Mach dich frei von allem, was dich von deinem Weg abbringen kann. Die Ruhe selbst zu sein habe ich von einem sehr alten Kater gelernt«, erzählte die Katze. »Er lebte im Nachbardorf und schlief den ganzen Tag. Er lag da wie ein Stück Holz, keine Kraft schien von ihm auszugehen. Er zeigte keinerlei Absicht, irgendetwas zu tun. Keiner hatte ihn je eine Maus, geschweige denn eine Ratte fangen sehen. Aber: Dort, wo er war, gab es weit und breit keine einzige Ratte. Ich fragte ihn nach seinem Geheimnis. Aber er schwieg. Da begriff ich, dass sein Geheimnis die Entspannung war. Er tat nichts, aber er erreichte alles. Er handelte, ohne zu handeln.«

MICHAEL CORNELIUS

Montag *Lektion 1*

Einatmen, ausatmen

WIE MAN ZUR RUHE KOMMT

DEN ATEM FÜHLEN

Sich hinknien oder, noch besser, auf den Rücken legen. Augen schließen. Die rechte Hand liegt auf dem Brustkorb, die linke oberhalb des Bauchnabels. Atmen Sie geräuschlos durch die Nase. Lassen Sie die Luft beim Einatmen langsam tief in die Lunge strömen. Mit der linken Hand spüren Sie, wie sich Ihr Bauch leicht hebt und sich das Zwerchfell in den Bauchraum absenkt. Mit der rechten Hand fühlen Sie, wie sich der untere Lungenbereich, dann der mittlere und schließlich der obere Teil füllt. Die unteren Rippen weiten sich. Der Brustkorb sollte sich nicht allzu stark heben. Beim Ausatmen spüren Sie, wie sich der Bauch leert und die Luft aus der Lunge nach oben ausströmt.

ICH BEWUNDERE DIE SCHÖNHEIT von Bedienungsanleitungen. Diese kleinen Büchlein aus Pappe, die einem geordnet in übersichtlichen Kapiteln und Bildern die Welt erklären. Zumindest so, wie sie aus der Perspektive eines Kühlschranks, Bücherregals oder Videorecorders aussieht: »Entfernen Sie als Erstes die Schutzhülle und suchen Sie sich einen geeigneten Standort.«

Auch Buddha hat vor mehr als 2000 Jahren eine Bedienungsanleitung geschrieben. Es geht darin um die Fragen aller Fragen: Wie kann man schöner, jünger und klüger werden? Gleichzeitig Spaß haben, reich werden und ohne Umwege seinen eigenen Weg finden? Was ist Glück? Und warum suchen wir ständig nach dem Sinn des Lebens? Wieso haben wir nie Zeit für die wirklich wichtigen Dinge? Und was sind überhaupt die wirklich wichtigen Dinge? Auf alle diese Woher-kommen-wir-und-wohin-gehen-wir-Fragen gibt Buddha eine simple Antwort: »Setz dich hin und atme.«

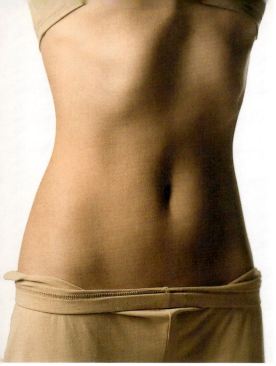

WIE MAN RICHTIG ATMET

*Stellen Sie sich in Gedanken das Einatmen wie einen Ball vor, der sich mit frischer Luft füllt. Beim **Ausatmen** wird der Ball wieder flach. Das Zwerchfell spielt beim Atmen die entscheidende Rolle. Machen Sie sich den Atemvorgang bewusst: die Bewegung des Zwerchfells nach unten beim Einatmen und nach oben beim Ausatmen.*

*Beim **Einatmen** füllt sich zuerst der Bauch und dann weitet sich der mittlere und obere Brustbereich. Beobachten Sie, wie sich beim Ausatmen der Bauch, und dann der mittlere und obere Lungenbereich leert. Sie werden spüren, wie sich bei der Vollatmung nicht nur der vordere Brustkorb bewegt, sondern auch die Muskeln in Ihren Flanken und im Rücken. Stellen Sie sich vor, ein Glas Wasser zu sein, das beim Einatmen gefüllt wird und sich beim Ausatmen wieder leert.*

Buddhas wichtigste Übung zum Glücklichsein heißt: einatmen, ausatmen. Eine ganz ursprüngliche Form der Meditation, bei der man sich nur auf seinen eigenen Atem konzentriert. Das ist alles. Hierfür muss man kein Mönch oder Heiliger sein, jeder kann diese Übung ohne jede Vorbereitung machen. Es geht dabei zunächst gar nicht um eine besondere Atemtechnik, sondern lediglich um die Beobachtung des eigenen Atems.

Man setzt sich entspannt und bequem hin und beobachtet, wie die Luft über die Nase in den Körper strömt und wieder herausfließt. Das schärft den Verstand und macht die Gedanken klar.

Einatmen, ausatmen – das ist von Geburt an unsere Natur. Das eine geht nicht ohne das andere: Wir können nicht nur ausatmen. Oder nur einatmen. Wir sind, *wie* wir atmen. Wenn wir aufgeregt sind, geht unser Atem schnell, dann wieder stockt uns der Atem vor Angst. Wir schnaufen, wenn wir wütend sind, und atmen ruhig und gleichmäßig, wenn wir entspannt sind. Die Atmung spiegelt immer den momentanen Zustand unseres Geistes und Körpers wider.

Buddha hatte auf seiner Suche nach Erleuchtung die merkwürdigsten Formen der Askese ausprobiert und jahrelang seinen Körper abwechselnd trainiert und malträtiert. Er versuchte sich als bellender Hundeasket, lief auf allen vieren und fraß Abfall. Hing kopfüber an einem riesigen Ast und stellte sich vor, eine Fledermaus zu sein. Nachdem er vom Kampfsport über Yoga bis zum extremen Fasten alles versucht hatte, begriff er die Sinnlosigkeit seiner Suche. Er erkannte, dass er nur vor sich selbst weggelaufen war. Buddha saß atmend unter einem Feigenbaum, als er endlich die Erleuchtung bekam. Er erinnerte sich plötzlich an einen glücklichen Moment seiner Kindheit. Wie er ebenfalls im kühlen Schatten eines Baumes saß und den Feldarbeiten seines Vaters zusah. Und wie er allmählich in einen vollkommen entspannten Zustand der Versenkung glitt und dabei alle Alltagssorgen vergaß.

KROKODIL

Legen Sie sich auf den Bauch. Die Beine sind ausgestreckt und liegen bequem auseinander, die Zehen zeigen nach außen. Verschränken Sie die Arme, die Hände ruhen dabei auf den Oberarmen – und legen Sie Ihre Stirn auf den Arm. Schieben Sie die Ellbogen in eine Position, die verhindert, dass Ihre Brust den Boden berührt. Konzentrieren Sie sich auf das Atmen. Beobachten Sie, wie sich das Zwerchfell bewegt. Während Sie einatmen, spüren Sie, wie sich die Bauchmuskeln leicht gegen den Boden pressen. Während Sie ausatmen, fühlen Sie, wie der Druck langsam entweicht. Wirkung: entspannt den ganzen Körper. Macht einem die Bewegungen des Zwerchfells bewusst. Ist ideal, um die natürliche Vollatmung zu erlernen. Dauer: einige Minuten. Achtmal atmen.

FROSCH

Machen Sie's wie der Frosch. Beim Einatmen füllen Sie die Lunge zunächst nur zu etwa 70 Prozent. Luft kurz anhalten und dann erst zu 100 Prozent einatmen. Jetzt kommt der Trick: Atmen Sie extrem langsam aus. Wirkung: Das entspannt und erfrischt. Eignet sich als Vorbereitung für andere Übungen, insbesondere für die Instant-Entspannung (S. 29). Dauer: eine Minute.

Durch die Konzentration auf das Atmen fand Buddha einen Weg, die eigene Natur zu erkennen und zu beeinflussen. Der Atem wurde zum Lehrmeister des inneren Zustands. Das Atmen lehrte ihn, die Dinge so zu sehen, wie sie sind.

Wer sich jetzt als Anfänger im Atmen versucht, wird schnell merken, wie schwierig es für unseren nach Zerstreuung suchenden Geist ist, die Konzentration nur auf den Atem zu halten. Unser Zustand ist mit einem trüben Wasserglas vergleichbar. Erst allmählich wird sich das Wasser klären. Wir sind es gewohnt, uns ständig abzulenken, und halten im Alltag kaum einmal inne, um uns zu betrachten. Selbst wenn wir in einen Spiegel blicken, sehen wir uns nicht so, wie wir sind, sondern achten darauf, möglichst gut auszusehen.

DU HAST NUR EINEN KOPF
Im Alltag schauen wir immer nur nach außen, vergleichen uns mit anderen. Jeder will immer ein anderer sein. Aber wir kennen uns noch nicht mal selbst. Doch der einzige Weg zur Wahrheit ist der Blick nach innen.

WIE MAN SEIN LEBEN AUF DEN KOPF STELLT UND TROTZDEM AUF DEN FÜSSEN LANDET
»Setz dir keinen anderen Kopf auf!«, sagte Buddha. Nur man selbst kann den Weg zum Glück finden. Der erste Schritt beginnt mit dem Atmen.

EINEN LANGEN ATEM HABEN
Die meisten Menschen atmen falsch und wissen kaum etwas über die eigentlich lebenswichtigste Funktion unseres Körpers. Angst, Freude, Hektik, Entspannung – alles eine Frage des Atmens.

In allen Kulturen spielte das Atmen als Quell des Lebens eine große Rolle. In seinen Bedeutungen ist das alte deutsche Wort »Odem«, für den »Hauch des Lebens« ähnlich dem indischen »Prana« und »Atman«, was

BUDDHAS BEDIENUNGSANLEITUNG

»Wie aber wacht der Mönch über seinen Körper? Er begibt sich ins Innere des Waldes oder unter einen großen Baum und setzt sich mit verschränkten Beinen nieder, den Körper gerade aufgerichtet, und pflegt der Einsicht. Bedächtig atmet er ein und aus. Atmet er tief ein, so weiß er: »Ich atme tief ein«, atmet er tief aus, so weiß er: »Ich atme tief aus«, atmet er kurz ein, so weiß er: »Ich atme kurz ein«, atmet er kurz aus, so weiß er: »Ich atme kurz aus«. »Den ganzen Körper empfindend will ich einatmen«, »Den ganzen Körper empfindend will ich ausatmen«, »Ich spüre die sanfte Ruhe beim Einatmen«, »Ich spüre die sanfte Ruhe beim Ausatmen«, so übt er sich.
Aus den Reden Buddhas

EINEN LANGEN ATEM HABEN

*Die meisten Menschen atmen falsch und wissen kaum etwas über die eigentlich lebenswichtigste Funktion unseres Körpers. Angst, Freude, Hektik, Entspannung – alles eine Frage des Atmens. Wir sind, **wie** wir atmen. Das spiegelt sich schon in vielen Redewendungen. Man droht »in Arbeit zu ersticken«. Oder: »Bekommt keine Luft mehr.« Hetzt »atemlos« von Termin zu Termin. Und wenn man sich auf eine langwierige Sache eingelassen hat, heißt es, man müsse »einen langen Atem haben«, um das durchzustehen.*

LUFT ZUM ATMEN

*Der normale Atemvorgang ist eine natürliche Kombination von Bauch-, Brust- und Lungenatmung. Was wir als Baby noch ganz automatisch richtig machen, verlernt der Mensch mehr und mehr im Alter. Aber wie soll man richtig atmen? Über dieses **Wie** des eigentlich im Unbewussten ablaufenden Vorgangs haben sich schon lange vor Buddha indische Yogis und chinesische Mönche viele tausend Jahre lang Gedanken gemacht. Sie entdeckten das Auf und Ab des Zwerchfells als Schlüssel für das Atmen. Und erfanden Übungen, die die natürliche Vollatmung verbessern.*

INSTANT-ENTSPANNUNG

Wenn Sie sich wie erschossen fühlen, müde und leer, hilft nur eins: Im Sitzen alle viere von sich strecken – und gähnen – das ist alles. Atmen Sie genau in dem Moment ein, wenn Sie die Arme und Beine ausstrecken – als ob Sie gähnten. Beim Ausatmen lassen Sie die Arme und Beine wieder sinken. Wirkung: Besser als jeder Büroschlaf, fühlen Sie sich wieder munter wie nach einem gesunden Nickerchen. Jetzt können Sie wieder abheben: Es werden Ihnen Flügel wachsen.

so viel wie »Atem, Seele und Selbst« bedeutet. Genauso wie in China das »Chi«, die unsichtbare, feinstoffliche Lebensenergie, die wir auch durch das Atmen in uns aufnehmen können.

Aber wie geht das: richtig atmen? Viele glauben, wenn sie nur heftig genug schnaufen und die Lungen prall füllen, wäre das schon genug. Leider ist das der falsche Weg. Hierbei füllen sich nur die mittleren Lungenbereiche, die oberen und unteren Lungenspitzen haben nichts davon. Richtig atmen heißt zunächst mal, ohne Anstrengung atmen. Die natürliche Atmung beherrschten wir alle noch als Babys. Später verkrampften wir uns und wurden meist zu kurzatmigen Hühnerbrustmenschen. Unwillkürlich atmen wir meist nur noch richtig beim Gähnen, beim Lachen oder Weinen.

Zum Glück lässt sich die ideale Vollatmung ganz einfach wieder erlernen. Machen wir uns als Erstes die Funktion der Lunge klar: Beim Einatmen strömt Sauerstoff durch die Nasenhöhlen und die Mundhöhle über die Luftröhre in die Bronchien und unsere beiden Lungenflügel. Dort, an den Lungenbläschen, findet der Gasaustausch statt, der unser Blut mit frischem Sauerstoff versorgt und beim Ausatmen die verbrauchte Luft, das Kohlendioxid, wieder aus dem Körper transportiert.

Zentrale Bedeutung für die Atmung hat eine Muskelplatte: Das Zwerchfell. Es befindet sich auf einer Ebene etwa zwei Finger breit unterhalb der Brustwarzen. Es wölbt sich wie eine Membran über Magen, Leber und Milz und reicht bis zur Lendenwirbelsäule. Direkt über der linken Wölbung befindet sich das Herz. Beim Einatmen zieht sich das Zwerchfell zusammen und ist gespannt. Dabei senkt es sich in die Bauchhöhle ab. Dadurch entsteht ein Vakuum im Brustraum, das Luft in die Lungen strömen lässt. Beim Ausatmen entspannt sich das Zwerchfell und hebt sich automatisch wieder in die Brusthöhle. Der Brustkorb verkleinert sich und lässt die Luft wieder ausströmen.

WIE MAN RICHTIG ATMET

Machen Sie sich den Atemvorgang bewusst. Die Bewegung des Zwerchfells nach unten und nach oben. Wie sich beim Einatmen zuerst der Bauch füllt und dann der mittlere und obere Brustbereich weitet. Und wie sich beim Ausatmen zuerst der Bauch und dann der mittlere und obere Brustbereich leert. Sie werden spüren, wie sich bei der Vollatmung nicht nur der vordere Brustkorb bewegt, sondern auch die Muskeln in Ihren Flanken und im Rücken.

Und so lässt sich das üben: Legen Sie sich auf den Rücken. Die Beine sind ausgestreckt. Die Augen schließen. Die rechte Hand liegt auf dem Brustkorb. Die linke knapp oberhalb des Bauchnabels. Atmen Sie geräuschlos durch die Nase. Jetzt lassen Sie die Luft beim Einatmen ganz langsam tief in die Lunge strömen. Mit der linken Hand spüren Sie, wie sich Ihr Bauch leicht hebt und sich das Zwerchfell in den Bauchraum absenkt. Mit der rechten Hand fühlen Sie, wie sich zunächst der untere Lungenbereich,

GEGENBAUCHATMUNG

Für Fortgeschrittene gibt es eine einfache Methode, die beim Atmen den Fluss des Chi anregt: die Gegenbauchatmung. Das ist nichts anderes als die Umkehrung der natürlichen Bauchatmung – und geht so: Im entspannten Zustand wird die Bauchdecke beim Einatmen zurückgezogen (!). Beim Einatmen zieht sich der Körper zur Mitte hin zusammen. Beim Ausatmen spürt man, wie sich nicht nur der Bauch, sondern auch der Körper ausdehnt und auf wunderbare Weise dabei entspannt.

Lektion eins

DIE KERZE

Setzen Sie sich hin. Heben Sie beim Einatmen langsam beide Arme nach oben, bis sich die Handflächen wie beim Beten berühren. Diese Bewegung der Arme hebt den Brustkorb und begünstigt so das Einatmen von unten aus dem Bauch heraus nach oben in die Lunge. Beim Ausatmen senken Sie beide Arme wieder langsam nach unten. Dabei leert sich zuerst der obere Lungenbereich, dann der mittlere und untere Bereich und schließlich der Bauch. Mit dieser Übung kann man sich den Atemvorgang bewusst machen, die Bewegung des Zwerchfells nach unten und nach oben. Beim Einatmen zieht sich das Zwerchfell zusammen und ist gespannt. Dabei senkt es sich in die Bauchhöhle ab. Dadurch entsteht ein Vakuum im Brustraum, das die Luft in die Lungen strömen lässt. Beim Ausatmen entspannt sich das Zwerchfell und hebt sich automatisch wieder in die Brusthöhle. So verkleinert sich der Brustkorb – und die Luft strömt wieder aus.

dann der mittlere und schließlich der obere Teil füllt. Die unteren Rippen weiten sich dabei. Wichtig: Der Brustkorb sollte sich nicht allzu stark heben. Beim Ausatmen spüren Sie umgekehrt, wie sich der Bauch leert und die Luft zuerst aus dem unteren Bereich der Lunge, dann aus dem mittleren Teil und schließlich oben ausströmt. Machen Sie diese Übung drei bis fünf Minuten täglich.

Das bewusste Atmen lässt sich genauso im Stehen üben: Stellen Sie sich aufrecht hin. Beim Einatmen füllen Sie bewusst zuerst den unteren Lungenbereich, dann den mittleren und oberen Bereich. Heben Sie dabei beide Arme über den Kopf und führen Sie die Handflächen zusammen, als wollten Sie beten. Beim Ausatmen senken Sie jetzt langsam die Arme seitwärts und leeren den unteren Lungenbereich, den mittleren und den oberen. Machen Sie die Übung zwei- bis fünfmal täglich.

Durch diese Übungen erlernen Sie wieder die Vollatmung, für die unser Körper gebaut ist. Nach und nach wird diese Atmung für Sie ganz automatisch und natürlich werden. Darauf lassen sich dann alle weiteren Übungen in diesem Buch aufbauen. Die Vollatmung hilft Ihnen dabei, die Kapazität der Lungen zu erweitern, und dient der körperlichen und geistigen Erfrischung.

In meiner Schule des »stillen Qi-Gong« üben wir zusätzlich die natürliche Bauchatmung. Beim Einatmen wölbt sich der Bauch nach außen und zieht sich beim Ausatmen wieder zusammen. Das lässt sich für Anfänger ganz leicht erlernen. Setzen Sie sich bequem hin und umschließen Sie mit beiden Händen Ihren Unterbauch. Ihre Handkanten ruhen auf den Leisten. Entspannen Sie sich und atmen Sie ohne Anstrengung durch die Nase ein. Sie spüren, wie sich die Bauchdecke allmählich ausdehnt. Wenn Sie das Gefühl haben, dass der Bauch etwa zu 70 Prozent gefüllt ist, halten Sie für ein paar Sekunden inne – und atmen Sie dann erst ganz ein. Beim Ausatmen blasen Sie die Luft sanft durch den Mund. Atmen Sie so

QUELLE DES LEBENS

Die Schriftzeichen für atmen – chinesisch »Tu Na«. Was ist der Ursprung des Lebens? Der Odem, sagten die alten Germanen, ist der »Hauch des Lebens«. Die Inder nannten die Lebensenergie Prana, die aus Atman, der Seele, entspringt. Vom indischen Atman leitet sich unser deutsches Wort für atmen ab. Ähnlich wie in anderen Kulturen des Ostens lässt sich nach chinesischer Vorstellung mit Hilfe einfacher Atem- und Meditationsübungen die Lebenskraft stärken. Wer seinen Atem meistert, sagen die alten Taoisten, der nährt seinen Energiekörper (Yang Shen) von innen.

KÖRPERATMUNG

Man stellt sich vor, mit allen Poren des Körpers einzuatmen. Von den Haarspitzen bis in die Zehenspitzen. Mit Haut und Haaren: als würden sich die Poren der Haut wie winzige Lippen nach außen stülpen – um das Chi, die frische Lebensenergie aus der Natur und dem Kosmos, aufzusaugen. Beim Einatmen wird die Kraft von unserem Körper aufgesogen. Beim Ausatmen strömt das verbrauchte Chi wieder aus dem Körper. Als würden Sie sich innerlich reinigen, schleudern Sie beim Ausatmen alles »Schmutzige« aus sich heraus – bis ans Ende der Welt. Eine einfache Übung, die man ohne großen Aufwand überall auch unbemerkt machen kann. Im Stehen, Liegen oder Sitzen. In der U-Bahn, im Restaurant oder als Beifahrer im Auto. Übungsdauer: beliebig. Ideal sind fünf Minuten.

GEGENBAUCHATMUNG

Fortgeschrittene machen die Körperatmung-Übung auf folgende Weise: Sie benutzen die Gegenbauchatmung. Hierbei atmet man, indem man die Bauchatmung einfach entgegengesetzt ausführt: Beim Einatmen wird die Bauchdecke eingezogen. Beim Ausatmen wölbt sich der Bauch wieder nach vorne. Das Ausdehnen des Bauchs beim Ausatmen erzeugt ein Gefühl, als würde sich dabei auch der gesamte Körper ausdehnen und gleichzeitig entspannen.

MIT DEM HERZEN ATMEN

Nehmen Sie sich mehrmals am Tag ein paar Minuten, mindestens aber ein paar Sekunden Zeit für einen bewussten Augenblick der Entspannung. Atmen Sie ein, atmen Sie aus – und tun Sie nichts anderes. Genießen Sie die innere Ruhe. Auch Ihre Gedanken sind nur in diesem Moment. Atmen Sie mit Ihrem Herzen.

KLAR WIE WASSER

*Denken Sie einfach nicht mehr an die vielen **Wenns** im Leben. Wer sich auf das Atmen konzentriert, lernt, seinen sonst nach Ablenkung suchenden Geist zu zähmen. Unser Normalzustand gleicht einem Glas trüben Wassers. Atmen Sie ein, atmen Sie aus. Allmählich wird sich das Glas Wasser klären. Sie werden ruhig und können sich endlich einmal so betrachten, wie Sie wirklich sind.*

neunmal ein – und wieder aus. Auf diese Weise werden Sie innerlich ruhig und frisches Chi strömt in Ihren Unterbauch, wo es sich im unteren »Dantian«, dem Chi-Speicher, sammelt.

Die simpelste Gebrauchsanweisung für das Atmen stammt von Buddha:

»Stellen Sie sich das Einatmen wie einen Blasebalg oder Ball vor, der sich mit frischer Luft füllt. Beim Ausatmen wird der Ball wieder flach. Oder man stellt sich vor, ein Glas Wasser zu sein, das beim Einatmen gefüllt wird und sich beim Ausatmen wieder leert.«

Dienstag *Lektion 2*

Nichts tun

WIE MAN DIE SINNE ENTSPANNT

Lektion zwei **39**

DIE SECHS SINNE ENTSPANNEN

Täglich prasseln unzählige Sinneseindrücke auf uns ein. Der permanente Lärm des Alltags kann uns krank machen. Wir sind überreizt vom Düdeln der Mobiltelefone, dem Brausen der Informationsflut aus Radio und Fernsehen, den Geräuschen der Straße – die Sinnesüberflutung lässt uns ermüden und verkrampfen. Um sich wieder zu entspannen, braucht man nur innere Stille in sich entstehen zu lassen. Der Trick dabei: sich hinsetzen und den Alltag ausblenden – oder, wie man in China sagt, die sechs Sinne entspannen.

HEUTE LERNEN SIE, NICHTS ZU TUN, aber das auf höchstem Niveau. Meine neuen Schüler schauen mich anfangs immer verständnislos an, wenn ich ihnen sage, dass es darauf ankommt, faul zu sein. Denn jahrelang haben sie in ihren Köpfen den Satz verinnerlicht: »Sitz nicht blöd rum, tu endlich was!« Und ich sage: »Tu endlich nichts und setz dich richtig hin.«

Genießen Sie mindestens einmal täglich ein paar Sekunden, noch besser: Minuten, den Luxus des Innehaltens. Ich meine damit allerdings nicht ein sinnloses, dumpfes Vor-sich-hin-Gammeln, sondern ein bewusstes Nichtstun. Nichts zu tun ist nicht dasselbe, wie nichts zu tun. Die Kunst ist, ganz aktiv nichts zu tun.

SETZ DICH HIN – UND TUE NICHTS

Setzen Sie sich auf einen bequemen Stuhl. Der Rücken ist aufgerichtet und, wenn Sie wollen, angelehnt. Schuhe ausziehen, falls möglich. Die

Füße stehen, etwa mit einer Fußbreite Abstand, parallel auf dem Boden. Der Kopf ist aufrecht und das Kinn leicht angezogen. So stellt sich in der Halswirbelsäule ein Gefühl der Dehnung ein. Die Hände ruhen mit der Handfläche nach oben locker auf den Oberschenkeln. Krallen Sie sich mit den Zehen einige Mal in den Boden – und wieder loslassen. Entspannen Sie die Augenbrauen, indem Sie sie hochziehen – und wieder locker lassen. Schließen Sie jetzt Ihre Augenlider ganz leicht und ohne Anstrengung, bis sie wie eine halb geschlossene Jalousie nur noch wie ein Schlitz geöffnet sind.

In dieser Haltung können wir jetzt mit der grundlegenden Entspannungsübung beginnen, bei der Sie lernen, zur Ruhe zu kommen: die Sinne entspannen.

Der Trick: Sie lassen nach und nach die hektischen Gedankenströme in Ihrem Kopf verstummen, das ganz normale innere Geplapper, das jeden

WIE MAN RICHTIG SITZT

Sich auf einen bequemen Stuhl setzen. Rücken aufrecht oder, wer will, angelehnt. Schuhe ausziehen, falls möglich. Die Füße stehen parallel auf dem Boden. Der Kopf ist gerade und das Kinn leicht angezogen. »Buddha sitzt auf den Ohren«, sagt man dazu in China. Die Nasenspitze ist auf einer Ebene mit dem Bauchnabel. Die Hände ruhen mit der Handfläche nach oben locker auf den Oberschenkeln. Krallen Sie sich mit den Zehen kurz in den Boden – lassen Sie wieder los. Entspannen Sie die Augenbrauen, indem Sie sie hochziehen – und wieder locker lassen. Schließen Sie Ihre Augenlider ganz leicht und ohne Anstrengung, bis sie wie eine halb geschlossene Jalousie nur noch wie ein Schlitz geöffnet sind. So kommen Sie langsam in den idealen Entspannungszustand, der viele Übungen erleichtert und wirkungsvoller macht.

AN DEN RAND DES HIMMELS SCHAUEN

Alltagslärm und Stress machen uns müde und verkrampft. Um uns wieder zu entspannen, hilft es, wenn wir die äußeren Eindrücke ausblenden. Nach chinesischer Lehre ist der Mensch über sechs Wurzeln mit der Außenwelt verbunden: mit den Augen, Ohren, der Nase, Zunge, dem Körper und dem Geist. Sich entspannen bedeutet, die Stille in sich entstehen lassen, die »Wurzeln abschneiden«, wie es in China heißt. Das gelingt durch das Abschalten der Sinne. Versuchen Sie, ganz langsam einen Sinn nach dem anderen in den Hintergrund zu schieben und auszublenden. Setzen Sie sich hin und denken Sie an den Augapfel. Schließen Sie die Augen bis auf einen kleinen Spalt. Ihr Blick geht jetzt in drei Phasen von ganz nah bis ganz weit weg, bis in die Unendlichkeit, an die Grenzen des Kosmos. Zuerst bis zur Wand, dann darüber hinaus bis jenseits des Horizonts. Und schließlich holen Sie diesen gedanklichen Blick wieder ganz langsam zurück. Bis Sie in sich hineinblicken. Dann spüren Sie, wie sich das Gefühl der Entspannung allmählich in Ihrem Körper ausbreitet.

von uns den Tag über beherrscht. Ebenso verfahren wir mit den Sinneseindrücken, lassen all die Bilder und Töne, die störend auf uns einwirken, langsam in den Hintergrund verschwinden.

DER WEG DER STILLE
Dauernd prasseln unzählige Sinneseindrücke auf uns ein: Der Lärm des Alltags, das Brausen der Informationsflut, in der wir manchmal zu ertrinken drohen, lässt uns ermüden und verkrampfen. Um uns wieder zu entspannen, müssen wir die Eindrücke für einen Moment reduzieren, den Alltag ausblenden – oder wie die Chinesen sagen: »die sechs Wurzeln der Sinne abschneiden«. Dann entsteht Stille.

In meinen Übungen erfahren Sie, wie man durch simple Konzentration auf die Sinne die Stille in sich entstehen lassen kann.

DIE SECHS SINNE ENTSPANNEN
Nach chinesischer Vorstellung hat der Mensch sechs Sinne, die ihn wie Wurzeln mit der Außenwelt verbinden. Oder Antennen, wie das die Taoisten beschrieben haben. Wir sehen mit den Augen, wir hören mit den Ohren, wir riechen mit der Nase, schmecken mit der Zunge, wir fühlen mit dem Körper und wir denken mit dem Geist.

Für Anfänger genügt es, wenn sie in drei Schritten vorgehen:

1. ZWISCHEN DEN AUGEN ENTSPANNEN
Lockern Sie die Augenbrauen und konzentrieren Sie sich auf die Stirnmitte. Aber ohne jede Anstrengung, bitte nicht verbissen. Nase, Mund und Wangen entspannen. Ihr Gesicht fühlt sich ganz leicht an, ohne jegliche Spannung der Haut. Allmählich verlagern Sie die Aufmerksamkeit nach vorne: Stellen Sie sich einen imaginären Punkt etwa einen Meter vor Ihrer Stirn vor. Das ist ein Gefühl, als ob Sie sich nach außen ausdehnten und entspannten. Sie empfinden jetzt Weite und Leichtigkeit in der Stirn.

2. IN DIE FERNE LAUSCHEN

Hören Sie eine Weile auf weit entfernte Geräusche, so, als würden Sie Ihren Gehörsinn bis an den Rand des Himmels ausdehnen. Dann lassen Sie die Geräusche langsam wieder zurückfließen und kurz in Ihr Ohr eindringen. Danach den Alltagslärm vergessen und kurz in sich hineinhorchen. Ein Gefühl der Ruhe stellt sich ein. Ohne dass Sie etwas dafür getan haben, ist Ihr Atem ruhig und gleichmäßig geworden.

3. LÄCHELN

Jetzt lassen Sie ganz einfach ein sanftes Lächeln auf Ihrem Gesicht entstehen. Die Mundwinkel bewegen sich ganz leicht nach oben, die Augenwinkel nach unten. Ein bisschen lächeln Sie wie ein Buddha oder wie ein Engel im Schlaf. Wichtig: Das ist ein inneres Lächeln, ohne jede Kraftanstrengung. Sie lächeln mit dem Herzen. Eine heitere Stimmung stellt sich ein. Ein Glücksgefühl, das Sie jetzt wie eine lächelnde Welle über den ganzen Körper fließen lassen können. Das Einzige, was Sie dafür tun müssen: es geschehen lassen.

DIE VIERFACHE ENTSPANNUNG

Die Kraft des inneren Lächelns lässt sich bei der folgenden Übung in vier Bahnen von oben nach unten über den Körper leiten. Jeweils beginnend vom Scheitelpunkt des Kopfes (dem »Baihui« oder »Gipfel des Himmels«, in der Mitte der Schädeldecke gelegen), wird die Vorstellung des inneren Lächelns dabei an der Vorderseite des Körpers, der Rückseite und seitwärts bis zum Boden gelenkt.

1. Richten Sie im entspannten Zustand Ihre Aufmerksamkeit auf den Scheitelpunkt. Am besten geht das im Sitzen. Das Kinn leicht einziehen, der Nacken ist minimal gedehnt. Lockern Sie das Gesicht, die Stirn, die Augenbrauen, die Nase und den Mund. Lächeln Sie leicht und stellen sich dabei vor, wie das Lächeln vom Scheitelpunkt über die Stirn, die Nase, den Mund nach unten strömt. Dabei entspannt sich Ihre Brust und

MIT DEN OHREN LÄCHELN

Genauso wie mit dem Augensinn kann man auch mit dem Gehörsinn üben. Sie hören zunächst die nahen Geräusche, dann die unendlich fernen und lassen die Geräusche in sich einsickern und schließlich verschwinden. Lauschen Sie in den Kosmos. Und dann in sich hinein. Wenn man will, kann man auch bis in den Bauchnabel hineinhören oder mit beiden Ohren die Brüste hören. Oder sich mit dem Hören auf seine verspannten Problemzonen konzentrieren.

DER GROSSE SCHLAF

Zum Einschlafen legt man sich auf den Rücken und dehnt den Blick durch die Hauswände hindurch bis zum Rand des Himmels aus. Und blickt dann wieder zurück vom Rand des Himmels bis in den Unterbauch hinein, wo man sich vorstellen kann, wie sich dort das frische Chi, die Kraft des Kosmos, sammelt. Da kann man dann getrost und ruhig einschlafen.

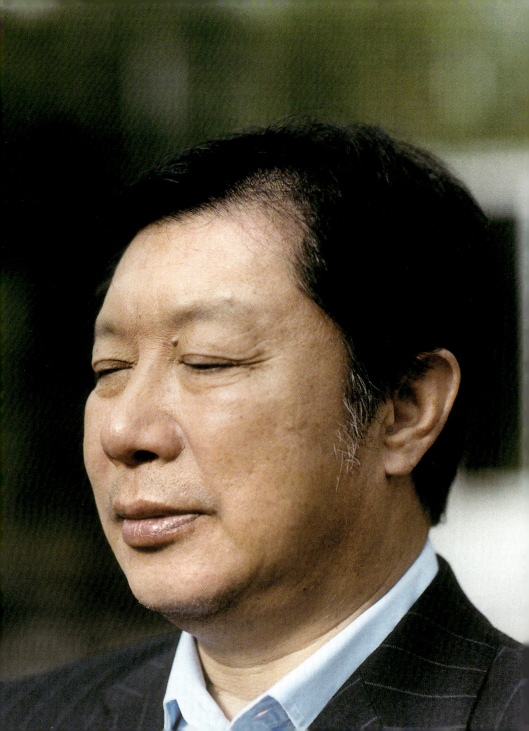

AUGAPFEL ENTSPANNEN

Konzentrieren Sie sich auf Ihre Augen und schauen Sie geradeaus. Dabei stellen Sie sich die Form der Augäpfel wie Murmeln vor, die in der Augenhöhle ruhen. Der Punkt (= Pupille) auf dieser »Augenkugel«, mit dem Sie aus Ihrem Kopf herausschauen, liegt vorne. Bei der Übung geht es nun darum, dass man sich auf verschiedene andere Punkte auf der Kugel des Augapfels konzentriert. Dabei die Augen nicht bewegen. Denken Sie zuerst an den obersten Punkt der »Augenkugel«. Dann an den untersten Punkt. An den linken Punkt. Den rechten Punkt. Schließlich an den innersten Punkt, der sich genau gegenüber der Pupille im Inneren der Augenhöhle befindet. Dort laufen viele wichtige Nervenenden zusammen.

fühlt sich frei. Das Lächeln fließt weiter in den Unterbauch. Sie atmen mit dem Bauch sanft ein und aus. Der Magen und die inneren Organe entkrampfen sich, während das Lächeln weiter nach unten strömt, über die Vorder- und Außenseite der Ober- und Unterschenkel. Schließlich erreicht das Lächeln Ihre großen Zehen.

2. Beginnen Sie wieder am Scheitelpunkt. In Ihrer Vorstellung strömt jetzt das Lächeln am Hinterkopf abwärts. Kleine Verspannungen am Kopf und Nacken lösen sich auf. Das Lächeln fließt weiter abwärts an den Schultern vorbei und den Rücken herunter, der sich dabei weich und locker anfühlt. Schließlich erreicht das Lächeln das Gesäß und die Rückseite der Beine, bis Ihre Aufmerksamkeit wieder in den Spitzen der großen Zehen angekommen ist.

3. Vom Scheitelpunkt aus lassen Sie jetzt das Lächeln links und rechts an Ihrem Kopf nach unten fließen. Dabei entspannen sich die Ohren, die Kie-

MIT DEM HERZEN LÄCHELN

Lächeln Sie sich selbst zu. Ich habe diese Übung von meinem Großvater gelernt, als ich noch ein Kind war. Hier auf dem Foto sehen Sie meine Tochter Wanqi schmunzeln – was die einfachste Vorstufe des Lächelns mit dem Herzen ist. Zur Vorbereitung der Übung setzen Sie sich bequem hin. Dann lockern Sie Ihr Gesicht. Fangen Sie mit den Augenbrauen an, dann folgen Augenlider, Wimpern, Lippen. Schließen Sie die Augen halb, sodass Sie noch durch die Wimpern wie durch eine Jalousie blicken. Die Gedanken allmählich ausblenden. Lassen Sie jetzt ein leichtes Lächeln auf Ihren Lippen entstehen. Die Mundwinkel bewegen sich ganz leicht nach oben. Lächeln Sie innerlich ganz befreit, so, wie Sie einem geliebten Menschen zulächeln. Jetzt lassen Sie dieses Gefühl in Ihrer Vorstellung über Ihren ganzen Körper fließen. Wie eine Glücksdusche strömt das Lächeln an Ihrem Körper herab. Sie lächeln aus Ihrem Herzen heraus. Ihr Kopf ist ganz klar. Ein wunderbares Gefühl der Weite wie bei einem offenen Tal entsteht in Ihrer Brust. Fortgeschrittene lächeln aus den Augen heraus, den Ohren und mit dem ganzen Körper.

fergelenke, der Hals, die Schultern und Arme bis in die Spitze der Mittelfinger. Atmen Sie dreimal ruhig ein und aus. Die Schultern durch sanftes Heben anspannen – und wieder locker lassen. Nun strömt das Lächeln an den Körperseiten bis zur Hüfte. Lenken Sie Ihre Aufmerksamkeit einen Moment auf Ihren Unterbauch und lassen dann das Lächeln an der Außenseite der Beine bis in die vierten Zehen wandern (das sind die Zehen neben dem kleinen Zeh).

4. Im vierten Schritt strömt nun das Lächeln innerlich durch unseren Körper. Wieder beginnen Sie mit Ihrer Aufmerksamkeit am Scheitelpunkt. Jetzt fließt das Lächeln wie eine Welle des Glücks durch den Kopf nach unten, durch das Innere des Halses, den Brustraum, das Herz, die Lunge und durch den Bauchraum bis zum Bereich des Steißbeins. Von dort weiter durch das Innere der Beine bis zu dem Energiepunkt an der Fußsohle, den die Taoisten »die sprudelnde Quelle« nennen (liegt etwas oberhalb des Mittelpunkts der Fußsohle, siehe S. 104). Genießen Sie ein paar Atemzüge das innere Lächeln. Zum Abschluss können Sie jetzt mit dem ganzen Körper lächeln (Schritt eins bis vier zusammen). Das ist wie eine Glücksdusche von Kopf bis Fuß. Diese Übung entspannt den ganzen Körper und eignet sich auch als Vorbereitung für alle anderen Übungen.

PROBIER'S MAL MIT GEMÜTLICHKEIT
»Stille« wird im Westen oft als negativer Zustand beschrieben. Wenn Geräusche verstummen oder wenn eine Bewegung abrupt angehalten wird, tritt Stille ein. In der östlichen Philosophie versteht man darunter etwas anderes: eine »lebendige Stille«, die keineswegs bewegungslos ist. Die Taoisten haben dafür das Prinzip des »Wu Wei« erfunden. Was man sinngemäß mit »Nichtstun« übersetzen kann. Aber eben doch nur versteht, wenn man das dahinter liegende Prinzip erahnt.

»Wu Wei« hing als riesengroß gemalte Kalligraphie als Herrschermotto über dem Thron der chinesischen Kaiser. Das hieß natürlich nicht, dass da

NICHTSTUN

Die Zeichen für »Wu Wei«: »Nichtstun«, die hohe Lebenskunst der Gelassenheit. Das so paradoxe »Tun, ohne etwas zu tun« ist das wichtigste Prinzip der taoistischen Philosophie: die Dinge ohne Anstrengung geschehen lassen, sich nicht gegen den Fluss des Geschehens zu stellen. Am besten, man lässt sich von der Strömung tragen und treibt so dem sicheren Ufer zu. Die chinesischen Kaiser herrschten mit der List des »Wu Wei«: Sie warteten in Ruhe ab, bis ihnen die Dinge in den Schoß fielen.

ein Kaiser in der Verbotenen Stadt in Peking saß und Däumchen drehte. »Wu Wei« bedeutete die Kunst, den Weg des Tuns aus dem Nichtstun entspringen zu lassen. »Schwimme nicht gegen den Strom, sondern nutze die Strömung. Laufe mit dem Wind – und werde gelassen wie ein Baum.« Mit meinen Übungen kann man die innere Stille pflegen. Wenn wir uns hinsetzen, entspannen, die Augen leicht schließen und nach innen lauschen, lernen wir dort den wunderbaren Raum der Stille kennen: einen Ort, von dem aus wir alle unsere Aktivitäten starten. An diesem Ort sind wir mit unserer eigenen Mitte verbunden – und nach Vorstellung der Taoisten auch mit dem gesamten Universum. Mensch und Natur sind in Harmonie.

»Die Stille ist die Herrscherin über die Unruhe«, sagt Laotse, was so viel bedeutet wie: Wer Meister über die eigene Stille wird, kann seine Handlungen in Ruhe steuern. »Wu Wei«, Nichtstun, ist der Weg zur Gelassenheit im Alltag. Man lernt nach einer Weile, die Dinge nicht mehr so schwer zu nehmen. Die Kraft für das richtige Handeln aus der Kraft der Stille zu schöpfen. Das für westliches Denken so paradoxe »Tun, ohne etwas zu tun« ist das wichtigste Prinzip der taoistischen Philosophie. Grob vereinfacht bedeutet das, die Dinge ohne Anstrengung geschehen zu lassen, sich nicht gegen den Fluss des Geschehens zu stellen. Am besten, man lässt sich vom Strom des Wassers tragen und treibt so allmählich dem sicheren Ufer zu.

»Meister, was ist Ihr Geheimnis für ein glückliches Leben?«, wurde einmal ein berühmter Taoist gefragt. Er antwortete: »Wenn ich hungrig bin, esse ich, wenn ich müde bin, schlafe ich.« Da war der Schüler enttäuscht: »Aber Meister, das tut doch jeder.« »Nein«, sagte der Meister, »niemand tut es so, wie ich das eben gesagt habe. Wenn sie essen, essen sie in Wirklichkeit gar nicht. In ihren Gedanken sind sie ständig anderswo! Etwas wirklich tun und etwas anderes zu lassen – das ist mein Geheimnis.« Das Geheimnis der Gelassenheit.

BUDDHAS BEDIENUNGSANLEITUNG

»So musst du dich üben: Im Gesehenen soll nichts als das Gesehene sein; im Gehörten nichts als das Gehörte; im Gespürten nichts als das Gespürte; im Erkannten nichts als das Erkannte. So musst du dich üben.«
Aus den Reden Buddhas

MUND ENTSPANNEN

Der Mund ist leicht geöffnet, die Zunge liegt flach im Mund. Die Lippen sind locker. Den Unterkiefer leicht hängen lassen. Die Haltung ist ähnlich der, die wir unbewusst im Schlaf haben. Denken Sie jetzt an die Zungenspitze. Dann an die Zungenwurzel. Unterkiefer locker hängen lassen. Eine Übung, die man zwischendurch auch beim Autofahren oder im Büro machen kann.

Mittwoch *Lektion 3*

Die Balance finden

WIE MAN MIT DEM BAUCH DENKT

AN DEN BAUCHNABEL DENKEN

Kein Wunder, dass uns das »Bauchgefühl« selten täuscht. Wichtige Entscheidungen trifft man deshalb »aus dem Bauch heraus«. Nach chinesischer Vorstellung sitzt in diesem Bereich die Schaltzentrale für Körper und Seele, der Nabel der Welt.
Die Übung: *Setzen Sie sich bequem hin. Allmählich die Gedanken in den Hintergrund treten lassen. Ruhig ein- und ausatmen. Konzentrieren Sie sich auf den Bauchnabel. Schon nach ein paar Minuten spüren Sie ein wohliges Gefühl der Entspannung, das sich im Bauchraum ausbreitet. Je häufiger man übt, umso leichter gelingt alles. Fortgeschrittene können an das Innere des Bauchnabels denken.*

NACHDEM SIE ATMEN UND SITZEN gelernt haben, zeige ich Ihnen jetzt, wie man auf Knopfdruck glücklich sein kann. Denken Sie ganz einfach an den Bauch – das ist alles. In einer bunten Illustrierten habe ich kürzlich gelesen, dass der Bauch zu den »typischen Problemzonen« gehöre. Und als Anweisung gab es »Bodyshape-Intensivgymnastik zur Straffung des Gewebes«. Ein wenig sah das aus wie beim Catchen oder Sumo-Ringen. Wie schwer es sich die Menschen machen, dachte ich, und legte die Zeitschrift weg. Vergessen Sie Bodyshape und andere schweißtreibende Sisyphos-Übungen. Der Bauch ist alles andere als eine Problemzone: Der Bauch ist der Nabel der Welt.

DAS UNIVERSUM DES CHI

Nach alter chinesischer Vorstellung sitzt hier die Schaltzentrale für Leib und Seele. Und auch in anderen asiatischen Kulturen kennt man seit vielen tausend Jahren das spezielle Energiezentrum im Bauch, das in Indien

AN DEN HIMMEL DENKEN

Ein alter taoistischer Meister wurde einmal gefragt, was denn seine beste Übung sei. Er gab eine geheimnisvolle Antwort: Man müsse den »Himmel in der Erde« üben. Er meinte: Wenn man an den Bauch denkt, entdeckt man dabei den Himmel im Menschen. Den Nabel der Welt. Die Übung: sich entspannt hinstellen. Stellen Sie sich vor, Sie wären mit den Füßen zehn Meter tief in der Erde verwurzelt. Und Ihr Kopf berührte den Himmel. Machen Sie jetzt die Übung »An den Bauchnabel denken« (S. 58). In Ihrer Vorstellung nehmen Sie beim Einatmen das Chi aus der Natur auf. Das Chi fließt über den »Himmelspass« (ein Energiepunkt in der Mitte der Schädeldecke), genauso über den »Menschenpass« (in der Mitte der Hände). Beim Ausatmen leiten Sie verbrauchte Energie in den Boden ab, über den »Erdpass« (in der Mitte der Fußsohlen). Ihr Bauchnabel wird zur Mitte der Welt. Wer den »Himmel im Menschen« übt, entdeckt die Harmonie, die im Spiel ist, wenn wir uns mit Himmel und Erde vereinen.

Lektion drei **61**

»Sonnengeflecht«, in Japan »Hara«, in Korea »Ha bog bu« und in China unteres »Dantian«, »rotes Feld« oder auch »chin-lu«, der »goldene Ofen«, genannt wird.

Der Bauch ist das Universum des Chi. Chi ist die Lebensenergie, die in unserem Körper fließt und auch im gesamten Universum. Wörtlich bedeutet Chi »Hauch«, »Dampf« oder »Atem«. In einem der ältesten Medizinbücher Chinas wird Chi wie folgt beschrieben: »Der Mensch lebt inmitten von Chi und Chi erfüllt den Menschen. Von Himmel und Erde bis zu den zehntausend Wesen: Alles braucht Chi, um zu leben. Wer das Chi zu lenken weiß, stärkt im Inneren seinen Körper und wehrt nach außen hin alle schädlichen Einflüsse ab.« Wenn man will, kann man sich das Chi im Körper wie einen Tank voller Lebensenergie vorstellen. Zur Pflege des Chi gehört es, diesen Tank regelmäßig aufzufüllen. Das kann durch Atmen geschehen, durch Nahrung und durch Übungen. Die chinesische Medizin versteht unter Krankheit eine Blockade des Chi. Dann ist

MIT DEM LOTUS ATMEN
In alten Darstellungen aus Indien oder China sieht man häufig Buddha im Lotussitz auf einem Meer von Lotusblüten verweilen, als würde er schweben. Der Lotus als Blume der Entspannung symbolisiert die innere Stille einer menschlichen Seele.
Die Übung: *Stellen Sie sich vor, mit dem Bauchnabel so sanft und leicht zu atmen wie eine Lotusblüte. Atmen Sie langsam ein, atmen Sie langsam aus. In Gedanken ist das Innere ihres Bauchnabels eine Lotusblüte, die nach oben zeigt (wie auf dem Bild). Beim Einatmen öffnet sich die Blüte, beim Ausatmen schließt sie sich.*

DER STOFF FÜR DAS GLÜCK

Das Zeichen für Chi, Lebensenergie, was so viel wie »Hauch«, »Dampf« oder »Atem« bedeutet. In einem der ältesten Medizinbücher Chinas steht: »Der Mensch lebt inmitten von Chi und Chi erfüllt den Menschen. Von Himmel und Erde bis zu den zehntausend Wesen: Alles braucht Chi, um zu leben. Wer das Chi zu lenken weiß, stärkt im Inneren seinen Körper und wehrt nach außen hin alle schädlichen Einflüsse ab.« Das Chi ist ständig in Bewegung. Jede Verlangsamung oder Blockierung bedeutet eine Störung, aus der Krankheiten entstehen können. Mit Übungen kann der Fluss des Chi wieder angeregt werden und Blockaden und Verkrampfungen lösen sich auf.

das »Yin« und »Yang« nicht mehr im Gleichgewicht. Man könnte Yin und Yang mit »Schatten« und »Sonne« übersetzen. Oder »kalt« und »heiß«. »Minus und Plus«. Der Mensch ist gesund, wenn beide Gegensätze ausbalanciert sind. Die innere Harmonie entsteht, wenn das Chi gleichmäßig durch den Körper fließen kann.

SIGNALE AUS DEM REICH DER MITTE

Eine besondere Bedeutung für die Entspannung hat ein Energiepunkt, der sich unterhalb des Bauchnabels befindet, in einem Bezirk, der »Dantian« oder »Zinnoberfeld« genannt wird. Die einfachsten Qi-Gong-Übungen, die ich in meiner Schule unterrichte, gehen in ihrem Ursprung viele tausend Jahre zurück. Hierbei konzentriert man sich im entspannten Zustand auf den erwähnten Punkt, der sich etwa eine Hand breit unter dem Bauchnabel befindet – und von da aus etwa 3 cm unter der Haut – genau da, wo auch der Körperschwerpunkt des Menschen liegt. Nach ein paarmal üben werden Sie den Punkt ganz automatisch spüren. Das fühlt sich an wie eine warme Kugel. Ein Gefühl der Entspannung stellt sich ein, das auf den ganzen Körper ausstrahlt. Hören Sie ab heute auf die Signale aus Ihrem Reich der Mitte.

Ganz wichtig dabei: bloß keine Hektik! Oder wie wir Chinesen sagen: »Man man lai« – immer schön langsam. Denken Sie öfter mal an Ihren Bauch. Das entspannt. Zum Beispiel wenn Sie mit dem Auto unterwegs sind. Im Flugzeug. Oder im Büro während der Kaffeepause. Ein paar Minuten genügen.

Man sollte die Übung ja nicht gleich übertreiben wie manche durchgeknallten Großmeister oder taoistischen Geheimpriester. Die haben Seltsames in alten Schriften gelesen und behaupten nun, fliegen zu können. Sie haben alleine durch die Konzentration auf den Bauch einen »Lichtkörper« erschaffen. Ähnlich wie eine Frau während der Schwangerschaft aus einem Ei ein Embryo und später ein Kind entstehen lässt, glauben sie an

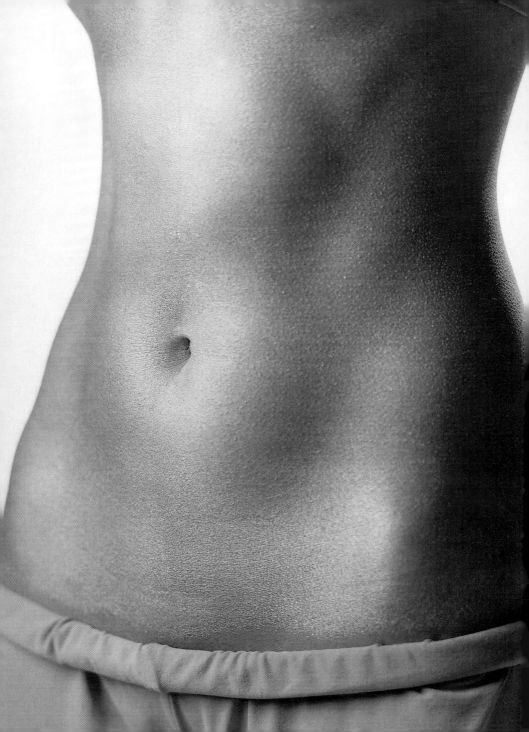

GOLDENER BAUCH

Für die Taoisten ist die Farbe Gelb und Gold die Farbe der Lebensfreude. Sie vermittelt ein Gefühl grenzenloser Freiheit. Im alten China war die Farbe heilig und den Kaisern vorbehalten.
Die Übung: *Machen Sie die Übung, wie unter »An den Bauchnabel denken« (S. 58) beschrieben. Stellen Sie sich zusätzlich vor, dass Ihr Bauch beim Einatmen in goldenes Licht getaucht ist. Das wirkt stärkend und regt das Nervensystem positiv an. Versorgt die Muskeln und die Verdauung mit neuer Energie. Und hat insgesamt einen entspannenden Effekt.*

eine »goldene Perle« oder »goldene Blüte«, die im Bauch heranwächst. Im reifen Zustand entsteht ein Buddha-Körper aus Licht, der über die Schädeldecke den irdischen Körper verlassen kann. Dieser Lichtkörper kann dann an vielen Orten gleichzeitig sein.

ACHTUNG: DER BAUCH DENKT MIT

Dass im Bauch unser zweites Gehirn liegt und wir wichtige Entscheidungen immer aus dem Bauch heraus treffen, beginnen westliche Forscher gerade erst zu entdecken. Nach neuesten Erkenntnissen, etwa des Neurobiologen Michael Gershon von der Columbia University in New York ähnelt das Bauchhirn verblüffend unserem Kopfhirn. Mit seinen 100 Millionen Nervenzellen hat es mehr Neuronen als im gesamten Rückenmark. Neben der Verdauungsarbeit, die für den Menschen der Überlebensgarant für Leib und Seele ist, liegt hier die Quelle vieler psychoaktiver Substanzen. Glückshormone werden produziert und ausgeschüttet, etwa Serotonin, Dopamin und Opiate. Auch beruhigende Chemikalien, so

Lektion drei **67**

DIE BALANCE FINDEN

Mantras sind in Indien und China sehr verbreitet. Das sind gesprochene Formeln, die, im entspannten Zustand gesprochen, die Vorstellung lenken und das Abschweifen der Gedanken verhindern. Manchmal ist es auch allein der angenehme Klang des Wortes, der Wirkung zeigt. Am bekanntesten ist wohl das »Om, mani padme hum!«
Die Übung: *Stellen oder setzen Sie sich hin. Die Gedanken ausblenden. Legen Sie Ihre Hände vor der Brust zusammen wie zum Beten (oder wie hier auf dem Bild: Nehmen Sie mit der einen Hand den Daumen der anderen Hand). Konzentrieren Sie sich wie in der Übung »Die Glückszone« (S. 73) auf das untere »Dantian«, den Punkt unterhalb Ihres Bauchnabels. Atmen Sie ruhig ein. Beim Ausatmen sprechen Sie leise das Wort »song« – das heißt auf Chinesisch Entspannung.*

genannte Benzodiazepine werden hier produziert, die zum Beispiel Drogen wie Valium ihre beruhigende Wirkung geben.

AUS DEM BAUCH HERAUS

Dass viele der Übungen, die ich in meiner Schule des »stillen Qi-Gong« unterrichte, eine nachweisbare Wirkung haben, bestätigten in einer umfangreichen Studie Mediziner der Harvard Medical School. Ihre Erklärung: Die Entspannungsübungen trainieren einen natürlichen Reflex des Menschen, den »relaxation response«. Das ist eine Art Schutzmechanismus im Körper.

Die – wörtlich übersetzt – »Entspannungsantwort« ist eine urtümliche physiologische Reaktion aller Lebewesen auf Stress: Nach jeder heftigen Stress- oder Paniksituation wie Flucht oder Kampf schaltet der Körper bei Säugetieren automatisch auf Tiefenentspannung.
Besonders meine Bauchübungen trainieren diesen Effekt. Den Untersu-

SICH FALLEN LASSEN

Setzen Sie sich mit einfach gekreuzten Beinen auf den Boden. Kopf, Nacken und Wirbelsäule sind gerade. Nehmen Sie beide Hände hinter den Rücken und greifen Sie dabei mit der linken Hand Ihr rechtes Handgelenk. Beim Ausatmen beugen Sie sich langsam nach vorne und versuchen dabei den Rücken, so lange es geht, gerade zu halten. Senken Sie den Oberkörper weiter langsam ab, bis Ihre Stirn vor Ihren gekreuzten Beinen auf dem Boden ruht. Halten Sie die Hände locker und unverkrampft hinter dem Rücken. Achten Sie darauf, dass sich der Hintern nicht vom Boden hebt. Atmen Sie gleichmäßig. Halten Sie die Position 10 bis 15 Sekunden. Dann, während Sie einatmen, heben Sie den Oberkörper an und kehren in die sitzende Position zurück. Rücken und Kopf gerade halten. Lassen Sie die Hände los. Strecken Sie Ihre Beine aus und entspannen Sie Ihre Muskeln.

chungen zufolge haben die Entspannungsübungen auch eine positive biochemische Nebenwirkung: Menschen, die regelmäßig üben, reagieren in belastenden Situationen weniger gestresst als Ungeübte – das Stresshormon Adrenalin macht ihnen weniger aus, weil sich ihre Adrenalin-Rezeptoren verändert haben.

Laotse und andere weise Meister des Taoismus hätten über diese westlichen Erklärungsversuche nur müde gelächelt. Für sie war klar, dass im Bauch das »Universum im Zentrum des Leibes« liegt. Hier begegnen sich Himmel (Yin) und Erde (Yang), das Männliche und das Weibliche. Das Gleichgewicht der Harmonie: unsere Mitte.

DER HIMMEL IM MENSCHEN

Als ein taoistischer Meister einmal gefragt wurde, was denn seine beste Übung sei, sagte er nur so viel: Man müsse den Himmel in der Erde üben. Das klingt rätselhaft, ist aber ganz leicht zu verstehen.

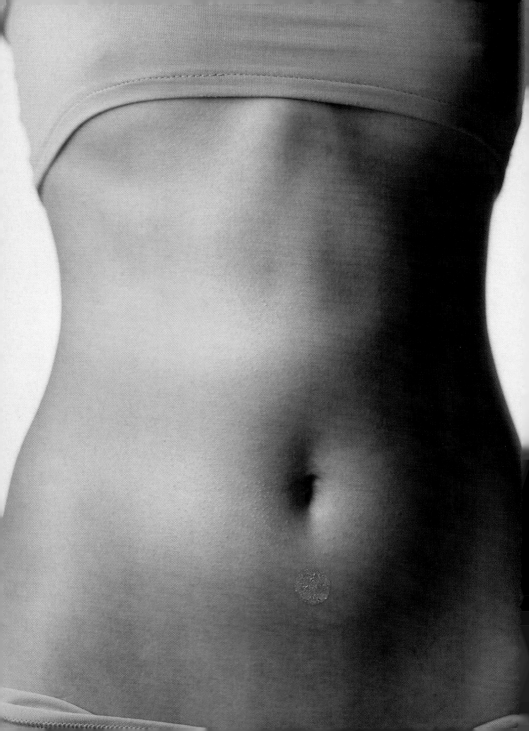

DIE GLÜCKSZONE

Etwa eine Hand breit unterhalb des Bauchnabels, zirka 3 cm tief unter der Haut, liegt der zentrale Chi-Speicher des Menschen: das untere »Dantian«. Hier liegt auch der Körperschwerpunkt des Menschen: unsere Mitte. Mit Hilfe unserer Vorstellungskraft können wir den Punkt aktivieren und das Chi zum Fließen bringen.
Die Übung: *Setzen Sie sich hin. An den Punkt unterhalb des Bauchnabels denken. Geben Sie nicht gleich auf, wenn Ihre Vorstellung abgleitet oder Sie müde werden. Manche Anfänger »treffen« den Punkt sofort, bei anderen dauert es länger. Manchmal ist der Punkt anfangs »verstopft«. Wenn Sie die richtige Stelle gefunden haben, spüren Sie mitunter ein warmes Gefühl oder fühlen eine kleine Kugel. Atmen Sie ein, atmen Sie aus und halten Sie Ihre Vorstellung auf dem Punkt. Ganz automatisch tanken Sie jetzt erfrischende Lebensenergie. Ihr Körper entspannt sich, Blockaden lösen sich. Das sorgt für gute Gedanken, befreit die Seele und öffnet das Herz.*

Nach chinesischer Vorstellung teilt sich der menschliche Körper in zwei Teile: In die Erde und den Himmel. Von den Füßen aufwärts bis zum Bauchnabel befindet sich die Erde. Alles, was darüber liegt, gehört zum Himmel. Wenn man nun an den Bauch denkt, entdeckt man den Himmel im Menschen. Den Nabel der Welt.

Den Himmel im Menschen üben – wir können Spaß an dem taoistischen Satz haben. Die Harmonie begreifen, die entsteht, wenn wir uns mit Himmel und Erde vereinen.
Genießen Sie die fernöstliche Leichtigkeit des Seins.

Donnerstag *Lektion 4*

Rückgrat zeigen

WIE MAN DIE WIRBELSÄULE ENTSPANNT

Lektion vier **75**

WIR SIND NICHTS OHNE UNSEREN RÜCKEN. Könnten nicht mal katzbuckeln und müssten wie schlaffe Würmer durch unser Leben kriechen. Es gäbe keine starken Momente, in denen wir es anderen so richtig beweisen – und Rückgrat zeigten. Leider stolpern die meisten von uns mehr oder weniger stocksteif durchs Leben, ohne zu ahnen, welche Kräfte in unseren verknöcherten Gräten schlummern. In China sagt man: »Das Glück wohnt im Rücken.«

Die Bedeutung, die wir der Wirbelsäule unbewusst geben, spiegelt sich schon in vielen Redensarten wider. Man hat »jemanden aufs Kreuz gelegt« oder »steht mit dem Rücken zur Wand«. Wir proben »den aufrechten Gang«, hoffen, dass uns niemand »in den Rücken fällt«, wir uns »nicht verbiegen« müssen. Manchmal bemitleiden wir einen, der »vom Leid gebeugt« ist, und ärgern uns über Menschen, die bei einer wichtigen Sache »kein Rückgrat haben«. Und viel zu selten kann uns »ein schöner

WIE MAN RICHTIG STEHT

Ein alter Yoga-Meister hat mir den einfachsten Trick verraten: »Arschbacken zusammen!« Das ist alles. Dadurch richtet sich der Körper automatisch auf. Vergessen Sie andere, an das Militär erinnernde, Drillanweisungen wie »Brust raus, Bauch rein« – das ist falsch. Stellen Sie sich hin, ziehen Sie den Hintern zusammen. Das Kinn zurück, damit eine leichte Spannung im Nacken entsteht und die Hüfte ein wenig nach vorne schieben. Dann stehen Sie so fest wie ein Baum.

WIE MAN RICHTIG GEHT

Ziehen Sie die Unterbauchmuskulatur ein paarmal zurück. Dann beim Gehen loslassen. So entspannt sich der Unterbauch und man wird nicht müde. Lendenwirbel beim Gehen leicht nach hinten schieben, das entspannt auch. Das Gehen sollte in der Vorstellung leicht wie der Wind sein.

Rücken entzücken«. Unsere psychische Verfassung lässt sich auch an der Körperhaltung ablesen. Lassen Sie »den Kopf nicht hängen«, ich zeige Ihnen, wie Sie ganz schnell beweglich wie eine Raupe werden.

RÜCKGRAT ZEIGEN

Manche Dinge lassen sich zum Glück ganz leicht wieder gerade rücken. Probieren Sie einfach mal meine Wirbelsäulentricks und schon können Sie wieder lächeln.

Betrachten wir die Wirbelsäule einmal als Freund. In meiner kleinen Rückenschule lernen Sie heute, welche enorme Bedeutung der Wirbelsäule in unserem Leben für Ruhe, Entspannung und unser körperliches und seelisches Wohlbefinden zukommt.

Unsere Wirbelsäule besteht aus 33 bis 34 Wirbeln: sieben Halswirbeln, zwölf Brustwirbeln und fünf Lendenwirbeln – sowie fünf Kreuzbein- und

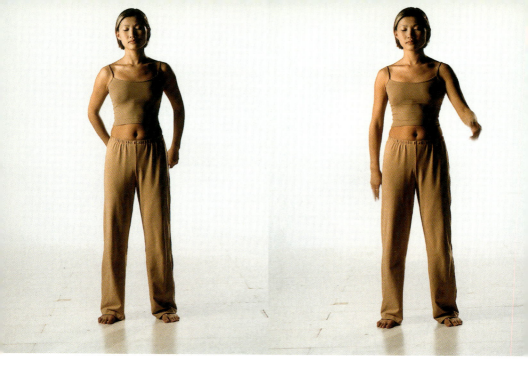

DEN STRESS AUSSCHÜTTELN

Die Füße stehen etwa schulterbreit auseinander. Mit den Zehen kurz in den Boden krallen und loslassen. Ihre Arme hängen locker an den Seiten. Schließen Sie die Augen oder lassen Sie sie zu einem Spalt geöffnet. Jetzt wippen Sie leicht mit den Knien, schütteln sanft die Waden und die Oberschenkelmuskulatur. Heben Sie einmal leicht die Fersen und stampfen Sie fest auf den Boden. Danach bleiben die Fußsohlen fest auf dem Boden stehen. Bewegen Sie sanft die Schultern und schütteln Sie Ihre Arme, die dabei leicht hin und her baumeln. Das Hüftgelenk ist beim Schütteln das Zentrum der Bewegung. Die Bewegung geht zuerst auf und ab und dann ganz leicht nach vorn und hinten. Wichtig dabei ist, dass das Schütteln ohne Anstrengung und natürlich ausgeführt wird. Etwa so, wie Meerespflanzen unter Wasser durch die Kraft der Wellen geschaukelt werden. Das Schütteln hat vor allem eine Wirkung auf unser Inneres. Unsere Energiezonen, die Meridiane, werden so geöffnet. Das verbrauchte Chi wird aus dem Körper geschüttelt und abgeleitet. Es fließt über die »sprudelnde Quelle« an den Fußsohlen in die Erde ab. Dauer: etwa sechs Minuten. Danach stehen Sie noch ein paar Minuten ruhig und entspannt da. Konzentrieren Sie sich auf den Chi-Speicher unterhalb des Bauchnabels. Atmen Sie ein und ganz langsam wieder aus. Stellen Sie sich dabei vor, wie Sie beim Einatmen das frische Chi aus dem Kosmos aufnehmen und Ihren Körper mit neuer Energie aufladen. Das Ausatmen ist wie eine natürliche Reinigung, als würden Sie sich beim Ausatmen von Ballast befreien.

DEN RÜCKEN ENTSPANNEN

Legen Sie sich auf den Rücken. Winkeln Sie die Knie an und heben Sie die Oberschenkel bis zur Brust. Falten Sie Ihre Arme wie bei einer Umarmung um die angewinkelten Beine und bringen Sie sie dabei ganz nah an die Brust. Der Kopf bleibt am Boden liegen. Diese Position ist sehr gut, um die Rückenmuskulatur zu entspannen. Halten Sie diese Stellung ein paar Minuten, bis Sie spüren, wie die Muskeln locker werden. Sie können auch sanft nach vorne und rückwärts sowie zur Seite schaukeln.

vier bis fünf Steißbeinwirbeln. Von vorne gesehen, ist die gesunde Wirbelsäule nahezu gerade, von der Seite gesehen, beschreibt sie eine S-Kurve mit vier charakteristischen Krümmungen. Diese bewirken, dass Belastungen gleichmäßig verteilt und Stöße besser abgefedert werden können. Entlang der Wirbelsäule verläuft unser Hauptnervenstrang (Rückenmark). Zwischen den Wirbeln befinden sich die Bandscheiben, ein gallertartiges elastisches Gebilde, das für die Biegsamkeit verantwortlich ist. Zusätzlich unterstützen Bänder und Muskeln die Stabilität der Wirbelsäule. Bei Verletzungen der Bandscheiben drückt der Knochen auf Nerven – das tut weh. Die Beweglichkeit der Wirbel nimmt von oben nach unten ab. Die vergleichsweise filigranen Halswirbel sind geschmeidiger als die schweren, dicken Lendenwirbel.

Bei den meisten Menschen »lebt« die Wirbelsäule nicht. In einer Untersuchung habe ich gelesen, dass im Westen mehr als 80 Prozent der Bevölkerung unter Rückenproblemen leiden. Es ist kein Wunder, dass sie zu den

DIE GROSSE WELLE

Stellen Sie sich hin. Füße schulterbreit. Machen Sie sanfte wellenförmige Bewegungen des Rückens nach vorne und hinten. Beginnen Sie mit der Welle beim Steißbein und gehen Sie langsam nach oben, über die Lendenwirbel, Brustwirbel und Halswirbel. Dabei hängen die Schultern locker. Die Arme schwingen ohne Kraft mit. Nach der Aufwärtsbewegung geht die Wellenbewegung wieder nach unten: vom Halswirbel beginnend zum Brustwirbel und schließlich zum Lendenwirbel. Ich mache diese Übung gerne mit geschlossenen Augen und stelle mir dabei das sanfte Schaukeln

eines Weizenfeldes vor, das vom Wind bewegt wird. Wichtig bei dieser Übung: ohne Kraft ausführen. In Ihrer Vorstellung lockern Sie mit der Wellenbewegung Wirbel für Wirbel Ihres Rückens. Dabei wird frisches Chi aufgenommen. Man kann diese Übung auch im Sitzen machen.

Eine Übung für die Halswirbelsäule: Führen Sie mit dem Kinn eine Kreisbewegung aus. Das Kinn bis zur Brust einziehen und dann einen Kreis nach oben und nach vorne machen. Dann genau umgekehrt. Als wären Sie ein pickender Vogel.

häufigsten Zivilisationskrankheiten zählen. Die Ursache: einseitige Belastung, falsche Körperhaltung oder Bewegungsmangel. Die Probleme mit den Lendenwirbeln beispielsweise, unter denen viele im Alter leiden, rühren von der falschen Gewichtsverteilung beim Stehen.

Machen wir die Wirbelsäule wieder lebendig. Wecken wir sie auf und lassen wir sie wachsen. Allerdings nicht durch gymnastische Verrenkungen, sondern durch sanfte Bewegungen und Konzentration auf heilende Energiepunkte.

Der Weg zur Entspannung beginnt mit der richtigen Körperhaltung.

GEHEN WIE DER WIND, STEHEN WIE EIN BAUM
In einem alten chinesischen Text heißt es:
»Du sollst sitzen wie ein Felsen. Gehen leicht wie der Wind, schwebend. Und stehen wie eine Kiefer, tief verwurzelt in der Erde.

AN DIE WIRBELSÄULE DENKEN
Setzen oder stellen Sie sich bequem hin. Die Gedanken ausblenden. In Ihrer Vorstellung konzentrieren Sie sich nun auf verschiedene Bereiche der Wirbelsäule. Sie beginnen mit dem großen Wirbelpunkt, der genau zwischen dem 7. Halswirbel und dem 1. Brustwirbel liegt. (Sie können ihn ganz leicht ertasten, es ist der dicke Knochenvorsprung unterhalb des Übergangs vom Hals zum Rücken.) Auf Chinesisch heißt der Punkt »Großer Hammer«. Hier befindet sich der zentrale Chi-Kreuzungspunkt des Körpers, wo horizontale und vertikale Energiebahnen zusammentreffen. Wenn wir uns verspannt fühlen, liegt hier meist die Stau-Ursache. Etwa fünf Minuten die Gedanken dort halten, dann gehen Sie in der Vorstellung langsam die Wirbelsäule hinab und verweilen auf dem Bereich der Lendenwirbel. Und schließlich auf zwei Bereichen jeweils etwa zwei Finger breit links und rechts neben den Lendenwirbeln. Das entspannt Ihren Rücken.

Deine Brust soll offen wie ein Bergtal sein, der Unterbauch fest und dein Kopf hell und klar. Erst wenn das Herz klar ist, kannst du den Weg der Entspannung gehen.«

Vorbereitung: Machen Sie sich als Erstes locker. Stellen Sie sich hin und schütteln Sie den ganzen Körper aus. Mit sanften Bewegungen. Mit den Schultern beginnen. Die Arme baumeln lassen, die Finger sind ohne Anspannung. Den Oberkörper leicht in alle Richtungen bewegen. Mit den Oberschenkeln und den Waden leicht wippen.

AUFRECHT LEBEN
Gewöhnen Sie sich an die aufrechte Haltung von Kopf und Rücken. Wenn man den Rücken nicht gerade hält, senkt sich der Oberkörper nach vorne ab – und die größte Belastung liegt auf den Beinen.

Auch beim Sitzen ist es wichtig, den Rücken und den Kopf gerade zu halten. Das Kinn leicht zurückschieben, damit eine leichte Spannung in der Halswirbelsäule entsteht. Achten Sie darauf, dass Sie die Schultern lockern und leicht nach hinten schieben. Das Brustbein ist minimal nach vorne gekippt. Die Oberschenkel sind gespreizt und die Füße leicht nach außen gestellt. Atmen Sie aus dem Bauch heraus. Ihre Konzentration liegt auf Ihrer Mitte, ein paar Zentimeter unterhalb des Bauchnabels. Unsere geistig-seelischen Kräfte kommen so ins Gleichgewicht. Wir sind ausbalanciert, wenn sich der Kopf genau über dem Körperschwerpunkt befindet, Nase und Bauchnabel etwa auf einer Linie liegen und das Lot entlang der Wirbelsäule verläuft. Für viele Menschen aus dem Westen ist der Lotussitz am Anfang zu schwierig. Deshalb nur ein paar Worte dazu. Grundsätzlich gibt es zwei Haltungen. Entweder liegt ein Bein über dem anderen oder beide Beine kreuzen sich. Bei diesen Sitzhaltungen wird der Rücken automatisch aufrecht gehalten, das Körpergewicht ist gleichmäßig auf das Gesäß und die Beine verteilt. Das Becken ist gerade und wird zu einem Fundament, auf dem unser Rückgrat wie eine Säule ruht.

DER WEG IST DER WEG

Das Zeichen für »Tao« bedeutet »Weg«. Im Chinesischen ist es eine Kombination der Bilder »Kopf« und »Fuß« oder »denken« und »gehen«. Für Laotse ist das Tao »das Tor aller Wunder«. Es ist die Kunst, das richtige Maß zu finden. Der Taoismus ist eine auf Harmonie ausgerichtete Lebensanschauung. »Handle, ohne einzugreifen«, sagt Laotse, »lerne von der Natur die Geschmeidigkeit: Nichts ist in der Welt weicher und schwächer denn das Wasser und nichts, was Hartes und Schwaches angreift, vermag es zu übertreffen. Wasser ist gut, allen Wesen zu nützen, und streitet nicht; es bewohnt, was die Menschen verschmähen; darum ist es nahe dem Tao.«

DIE GIRAFFE

Stellen Sie sich sicher und fest auf den Boden. Die Schultern lockern und die Hände ohne Kraft hängen lassen. Vorbereitung: Beugen Sie sich mit dem Oberkörper leicht nach vorn. Machen Sie mit dem Oberkörper (und dem Hals) eine Drehbewegung nach rechts, so, als ob Sie mit dem Kopf über die Schulter schauen wollten. Die gleiche Bewegung auch nach links ausführen. Wichtig dabei: Die Hüfte dreht sich nicht mit. Die Bewegung langsam und ohne Kraft ausführen. Die eigentliche Übung: gleiche Grundstellung. Jetzt beschreiben Sie mit dem Oberkörper eine sanft kreisende Bewe-

gung im Uhrzeigersinn. Sie beugen sich dabei nach vorne, rechts zur Seite, nach hinten, nach links und wieder nach vorne. Und danach in die umgekehrte Richtung. Die Hüfte bewegt sich fast gar nicht mit. Während der Kreisbewegung machen Sie den Hals ganz lang wie eine Giraffe und strecken dabei die Wirbelsäule. Auch das geschieht ohne große Kraftanstrengung. Das lockert die einzelnen Wirbel und entspannt die Rückenmuskulatur. Zusätzlich öffnen sich die wichtigen Energiekanäle entlang der Wirbelsäule. Der Chi-Fluss wird angeregt.

Lektion vier **89**

MIT DEN KNOCHEN ATMEN

Die alten Taoisten sahen im Knochengerüst des Menschen eine Antenne, die feinstoffliche Energie empfangen und in den Körper leiten kann. Das Chi fließt besonders am so genannten Mittelkanal der Wirbelsäule entlang. Auch über das Knochenmark zu den Meridianen und den lebenswichtigen Organen. Mit Hilfe der Körperatmung (S. 36) und der Knochenatmung kann das Aufnehmen von frischem Chi mittels der Vorstellungskraft gelenkt werden. Das Immunsystem verbessert sich. Ebenso die Struktur des Knochenmarks und der Knochen.

Man sollte öfter die Beinposition wechseln, damit keine Schräglage des Beckens entsteht. Auf einem schiefen Fundament kann auch keine gerade Wirbelsäule wachsen. Für meine Übungen ist der Lotussitz nicht erforderlich, wer ihn aber kann, soll ihn ruhig dafür verwenden.

MACH DEN BAMBUS

Körperliche und seelische Verspannungen behindern den Fluss der Lebensenergie (Chi). Im Idealzustand strömt die Energie ungehindert in unserem Rückenmark zwischen dem Steißbein und dem Kopf (Scheitelpunkt). In der chinesischen Medizin betrachtet man die Wirbel als zentralen Impulsgeber für Körper, Seele und Geist.

Die einzelnen Wirbel haben einen direkten Einfluss auf die inneren Organe und die Meridiane. So wirkt sich die Entspannung der Wirbel aus: Bei den Brustwirbeln stehen Nr. 2/3 mit der Niere in Verbindung, die Wirbel 3/4 wirken sich wohltuend auf die Lunge aus, die Brustwirbel Nr. 5 und 6 machen das Herz frei und der 9. und 10. Wirbel beleben die Leber.

Lektion vier

Eine einfache Übung entspannt den Rücken im Stehen: Kinn leicht zurück. Die Schultern lockern, die Arme hängen lassen, den Rücken gerade und das Becken leicht nach vorne schieben. Bei dieser Rückenhaltung entspannen sich Bauchmuskeln und Wirbelsäule und der Atemfluss strömt wie von selbst tief hinab in den Bauch. Die Füße krallen sich kurz in den Boden und loslassen. Stellen Sie sich vor, tief in der Erde verwurzelt zu sein. Atmen Sie langsam ein – und aus, das stimuliert das Chi und entspannt die Rückenmuskeln. Jetzt können Sie mit der Übung beginnen, bei der Sie sich wie mit der Wirbelsäule »ausdehnen«. Vom Steißbein ausgehend, über die Lendenwirbel, die Brust- und Halswirbel machen Sie sich lang wie eine Giraffe. Führen Sie mit der Wirbelsäule eine Drehbewegung aus. Zuerst einen Halbkreis nach links und dann nach rechts. Die Hüften bewegen sich dabei nicht mit. Stellen Sie sich dabei vor, so geschmeidig wie ein Bambus zu sein.

DIE GEDANKEN ÖLEN

Ähnlich wie in der Übung »An den Bauchnabel denken« kann man den Energiefluss des Chi auch in der Wirbelsäule aktivieren. Setzen Sie sich aufrecht hin und konzentrieren Sie sich auf den Übergang zwischen dem 7. Halswirbel zum 1. Brustwirbel (»Großer Hammer«). Denken Sie sich jetzt Wirbel für Wirbel nach unten. Dauer: etwa drei bis fünf Minuten. Und ebenso wieder zurück nach oben. Man kann diese Übung auch im Stehen und Liegen machen. Es ist auch möglich, dabei die Wirbelsäule wie eine Welle zu bewegen. Sie werden spüren, wie sich der ganze Körper entspannt.

Beweglichkeit und Geschmeidigkeit beschränken sich nach alter chinesischer Auffassung nicht allein auf die Wirbelsäule: Sie sind Teil einer Lebenseinstellung, die sich die Harmonie der Natur zum Vorbild nimmt. Gelassenheit ist, wenn man innerlich so biegsam ist wie ein Bambus oder geschmeidig wie ein Fisch. In vielen Gleichnissen des Taoismus wird das Weiche, Fließende, Bewegliche über das Harte, Steife und Verknöcherte gestellt. Ein dürrer Ast bricht leicht, doch ein junger Zweig lässt sich biegen – aber nicht zerbrechen. »Der Mensch ist weich und geschmeidig, wenn er geboren wird; wenn er die Welt wieder verlässt, ist er steif und starr«, schreibt Laotse im »Tao te King«. »Blumen und Bäume sind biegsam und zart, wenn sie das Licht der Welt erblicken; wenn sie absterben, sind sie dürr und trocken. Darum ist das Harte und Verknöcherte dem Tod nahe, das Weiche und Biegsame ist dem Leben nahe.«

DER BERGRÜCKEN

Mit einer entspannten und geraden Wirbelsäule sind wir innerlich im Lot – und stehen unerschütterlich da wie ein Berg. In der indischen und tibetischen Sagenwelt ist der heiligste aller Berge, der Kailash im Himalaya, auch ein Symbol für die Wirbelsäule. Der Kailash (tibetisch Kang Rimpoche), das Quellgebiet der mächtigsten Ströme der Welt wie Ganges, Indus und Brahmaputra, wird als »Achse des Universums« verehrt, als Rückgrat des Universums. Nach alter Vorstellung findet alles, was es im Kosmos gibt, seine Entsprechung im Mikrokosmos des Menschen. Demnach ist der Kailash, »das Schneejuwel« auf dem Dach der Welt, der in alten Sanskrittexten auch Meru genannt wird, das Abbild unserer Wirbelsäule.

In China sagt man: »Die Wirbelsäule ist wie eine Bergkette; sie ist wie eine Bergstraße, welche zu einer magischen Kette auf dem Kopf ansteigt.«

Lektion vier

Freitag *Lektion 5*

Locker bleiben

WIE MAN SEINE GLIEDER ENTSPANNT

Lektion fünf 95

HEUTE LERNEN SIE, WIE MAN SICH SO FREI fühlt wie ein Vogel. Sie brauchen dafür nicht hektisch mit den Flügeln zu schlagen. Die Übungen funktionieren eher wie ein ruhiger Segelflug. Ihre Gedanken steuern die Richtung. Sie entwickeln ein ganz besonderes Fingerspitzengefühl und konzentrieren sich auf Finger, Zehen und Gelenke.

Wenn eine Sache »Hand und Fuß hat«, kann nicht mehr viel schief gehen. Oder wie die weisen Männer des alten China sagten: »Wenn der Schuh sitzt, ist der Fuß vergessen. Wenn der Gürtel passt, spürt man den Bauch nicht. Wenn das Herz im Lot ist, gibt es kein Für und Wider. Kein Zwang, kein Druck, kein Mangel, keine Verlockung: All das Deine ist unter Kontrolle. Du bist ein freier Mann. Sei einfach mal locker, dann machst du es schon richtig. Mach es richtig, dann wirst du locker. Bleibe locker und du handelst richtig. Der beste Weg, locker zu werden, ist, den Weg zu vergessen und auch zu vergessen, dass er dich locker macht.«

WIE DIE FINGERSPITZEN DIE INNEREN ORGANE ENTSPANNEN

Es klingt verrückter, als es ist: Denken Sie an Ihre Fingerspitzen – und schon fühlen Sie sich ganz entspannt. Das Konzentrieren auf die einzelnen Fingerspitzen hat auch eine wohltuende Wirkung auf die inneren Organe. So steht der Mittelfinger mit dem Herzen und Herzbeutel in Verbindung. Der Zeigefinger mit dem Dickdarm. Der Ringfinger mit dem »Dreifachen Erwärmer«. Damit bezeichnet man in der Akupunktur einen Meridian, der über die Funktion der Atmungs-, Urogenital- und Verdauungsorgane wacht. Der Daumen steht mit der Lunge in Verbindung und der kleine Finger mit dem Dünndarm und dem Herzen.

FUSSENTSPANNUNG

Setzen Sie sich bequem hin, die Füße ruhen etwa schulterbreit auf dem Boden. Die Gedanken in den Hintergrund treten lassen. Krallen Sie sich mit den Zehen kurz in den Boden – und locker lassen. Sie beginnen mit dem großen Zeh. Denken Sie etwa eine Minute an die Spitzen der beiden großen Zehen, bis Sie die ganzen Zehen spüren. Wie bei der Fingerspitzenübung wechseln Sie dann mit der Vorstellung auf die Spitzen der kleinen Zehen. Dann konzentrieren Sie sich auf die Zehen neben den großen Zehen, gefolgt von den Zehenspitzen neben dem kleinen Zeh und schließlich auf die Zehenspitzen der noch verbleibenden Mittelzehen. Nicht nur die Zehen, sondern der ganze Körper entspannt sich.

DIE NUMMER MIT DEN ZEHEN

Zum leichteren Verständnis kann man sich die Reihenfolge der Zehen, auf die Sie sich in dieser Übung konzentrieren, als Nummernfolge vorstellen.
Beispiel: Würde man die Zehen des rechten Fußes nebeneinander nummeriert haben, sähe das so aus: 1, 3, 5, 4, 2. Das heißt: der große Zeh entspricht der Nr. 1, der kleine Zeh wäre die Nr. 2. Die Übung beginnt mit dem Zeh Nummer 1, dem großen Zeh. Wie bei der Übung »Fingerspitzengefühl« (nächste Seite) öffnen sich die Energiekanäle der Füße und frisches Chi kann von Gelenk zu Gelenk über Ihr Becken bis in die Lenden strömen.

Lektion fünf

FINGERSPITZENGEFÜHL

Bei dieser Übung konzentriert man sich auf die Fingerspitzen und löst damit eine Welle der Entspannung aus. Setzen Sie sich bequem hin und legen Sie die Handkanten an die Leisten. Atmen Sie ruhig ein und aus. Die Hände sind entspannt und geöffnet. Dann konzentriert man sich auf die Spitzen der beiden Mittelfinger. Sobald Sie die Mittelfingerspitzen spüren, werden Sie auch den ganzen Finger spüren. Etwa eine Minute die Aufmerksamkeit halten, dann wechseln Sie zu den Fingerspitzen der Zeigefinger, nach einer weiteren Minute zu den Spitzen der Ringfinger, schließlich zu den Daumenspitzen und den Spitzen der kleinen Finger. Es entsteht ein ganz sanftes Fingerspitzengefühl, manchmal begleitet von einer leichten Erwärmung der Hände. Sie spüren, wie sich alles lockert, ein Gefühl der Ausdehnung. Es öffnen sich die Energiekanäle an den Händen. In der Vorstellung strömt frisches Chi von den Fingerspitzen über die Fingergelenke, Handgelenke, über Ellenbogen, Schultergelenke bis zur Lende. Von Übung zu Übung wird Ihnen die Konzentration auf die Fingerspitzen leichter fallen. Allmählich geht das dann wie von selbst. Wen das jetzt verwirrt, der kann sich die Reihenfolge der Finger, auf die man sich konzentrieren soll, als Nummernfolge vorstellen. Beispiel: Würde man die Finger der rechten Hand der Reihe nach nummeriert haben, sähe das so aus: 4, 2, 1, 3, 5, das heißt, der Daumen ist Nr. 4, der kleine Finger Nr. 5. Die Übung beginnt mit Finger Nr. 1, dem Mittelfinger.

Manchmal ist das Entspannen so einfach wie das Lesen einer guten Geschichte. Mein Herz geht auf und ich möchte am liebsten ganz schnell verreisen, ganz weit weg zum Meer vielleicht, an einen Strand mit Palmen oder mindestens bis zu den Wolken am Himmel.

Mir geht das so, wenn ich in den Reden Buddhas blättere; es sind mündliche Überlieferungen, die seine Schüler viele Jahre nach seinem Tod aufgeschrieben haben. Wie Augenzeugenberichte entführen sie uns in eine ferne Zeit nach Indien, ein paar hundert Jahre vor Christi Geburt. Und ich bin immer wieder überrascht, wie ähnlich die Probleme der Menschen damals mit unseren heutigen waren: Wer bin ich? Wie kann ich glücklich werden? Und warum ist es so verdammt schwierig, den inneren Schweinehund zu besiegen?

Lauschen wir mal kurz in eine Szene hinein, die sich ungefähr so an einem schwülen Nachmittag in Indien zugetragen hat. Die Schüler sitzen bequem angelehnt im Schatten dichter Mangobäume und hören die Worte des Meisters, der gerade die Geschichte eines hektischen Menschen erzählt, der plötzlich die Langsamkeit entdeckt.

Also sprach Buddha: »Hört genau zu, ihr Mönche, wie man Schritt für Schritt das Geblubber in seinem Kopf beruhigen kann. Gleichwie etwa ein Mann, der eilig dahinläuft, und es käme ihm der Gedanke: Was schreite ich denn so eilig dahin? Ich will etwas langsamer gehen. Und er ginge langsamer und es käme ihm der Gedanke: Doch warum geh ich überhaupt? Ich will nun stehen bleiben. Und er bliebe stehen und es käme ihm der Gedanke: Aber weshalb stehe ich? Ich werde mich setzen. Und er setzte sich nieder und es käme ihm der Gedanke: Warum soll ich nur sitzen? Ich will mich da hinlegen. Und er legte sich hin. Und so hätte dieser Mann, ihr Mönche, die gröberen Bewegungen eingestellt und sich den feineren hingegeben. Ebenso sollt auch ihr das tun. Und der Reihe nach einzelne störende Gedanken ausblenden.«

AUF LEISEN SOHLEN

Weise chinesische Meister wie Konfuzius und Laotse konnten »mit den Fußsohlen atmen«, wie alte Chroniken berichten. Wer diese Kunst beherrscht, ist dem Geheimnis für ein zufriedenes Leben ganz nahe. Tatsächlich gibt es eine jahrtausendealte Entspannungsübung, bei der man sich nur auf den Fußballen konzentriert. Setzen Sie sich hin und stellen Sie sich die Fläche des Fußballens vor. Beschreiben Sie jetzt in Gedanken einen Kreis im Uhrzeigersinn auf dem Fußballen. Diese Vorstellung etwa sechs Minuten halten. Das aktiviert den Fluss des Chis. Atmen Sie ein und atmen Sie aus. Stellen Sie sich vor, mit den Fußsohlen wie durch eine Nase zu atmen.

RUHIGE KUGEL

In der Umgangssprache sagt man: »eine ruhige Kugel schieben«. Setzen Sie sich bequem hin und stellen Sie sich für diese Übung der Reihe nach alle Gelenke Ihres Körpers vor – und schieben Sie eine ruhige Kugel. Denken Sie sich die Gelenke wie einzelne Kugeln aus Licht. Mit Gedankenkraft können Sie sich vorstellen, die Kugeln würden sich langsam nach vorne drehen. Beginnen Sie mit den Kniegelenken. Konzentrieren Sie sich ein paar Minuten auf ein sanftes Drehen, so, als wären in Ihren Knien zwei Kugeln. Sie werden fühlen, wie das entspannt. Mit einiger Übung können Sie dann die Konzentration auf andere Gelenke übertragen. Etwa auf die Fußgelenke, die Hüftgelenke, Schultergelenke bis hin zu den ganz kleinen Gelenken an den Fingern und Zehen. Ihre Arme und Beine entspannen sich. Ein Gefühl entsteht, als würden Sie sich ausdehnen. Die Entspannung überträgt sich bis in die Lendenwirbel.

DIE MITTE SPÜREN

Denken Sie an den Mittelpunkt Ihrer Hände. Das ist eine Übung, die Sie überall ohne großen Aufwand durchführen können. Machen Sie eine kurze Pause vom Alltag, setzen Sie sich ruhig hin und konzentrieren Sie sich ein paar Minuten auf diesen Punkt. Das entspannt. Zur besseren Vorstellung habe ich hier den Energiepunkt an der Hand meiner Tochter Wanqi mit einem goldenen Kreis markiert. Er heißt in der chinesischen Medizin auch »Menschenpass« und ist einer der zentralen 36 Meridianpunkte unseres Körpers, die untereinander wie ein Netzwerk von Energiebahnen verbunden sind. Mit Hilfe der Vorstellungskraft kann man diesen Punkt wie ein Tor öffnen. Dann strömt frische Lebensenergie in den Körper.

Der Weg zur Entspannung beginnt mit der Entdeckung der Langsamkeit. Selbst wenn Sie sich nur für wenige Minuten hinsetzen, ist es wichtig, ganz intensiv in diese Zeit einzutauchen. Wenn man die Übungen ohne Hast und innerlich ruhig ausführt, entsteht ein Gefühl tiefer Ruhe. So, wie sich durch Einwirkung von Hefe ein Brotteig ausdehnt, entspannen sich unsere Glieder. Wir fühlen uns frisch wie eine Blume, deren Stängel sich nach dem Gießen langsam wieder aufrichtet.

ICH HAB FINGERSPITZENGEFÜHL

Warum ist die Konzentration auf Hände und Füße so wirksam? Wer sich schon mal Hände oder Füße hat massieren lassen, weiß, dass sich hier hochsensible Nervengewebe bündeln. Nahezu alle Meridiane konzentrieren sich hier auf winziger Fläche. Nerven und Energiepunkte, die unseren Kreislauf, die Atmung, die Verdauung und den Herzschlag steuern. Wer den Schlüssel zu seiner Seele finden will, braucht nur ein bisschen Fingerspitzengefühl.

BUDDHA IN DEN FÜSSEN

Auf alten Buddha-Abbildungen sieht man manchmal auf der Fußsohle das Dharma-Rad des Lebens dargestellt. Bei den Taoisten heißt dieser Punkt die »sprudelnde Quelle«. Er befindet sich etwas oberhalb der Mitte der Fußsohle und ist der zentrale Chi-Punkt des Fußes. Genau hier laufen nach der westlichen Schulmedizin wichtige Nerven zusammen. Und um ihn herum liegen alle wichtigen Reflexzonen der inneren Organe. Die Übung ist ebenso einfach wie »Die Mitte spüren«. Denken Sie ein paar Minuten intensiv an den »Buddha-Punkt«. Das öffnet den Fluss des Chi. Sie nehmen frische Energie über diesen Punkt auf – und leiten verbrauchtes Chi in den Boden ab. Die Übung beruhigt. Es stellt sich eine tiefe Entspannung ein. Ein Gefühl wie ein ruhiger See.

AN DIE FINGER DENKEN

Und so geht's: sich hinsetzen, den Rücken gerade machen. Die Füße stehen, etwa mit einer Fußbreite Abstand, parallel auf dem Boden. Der Kopf ist aufrecht und das Kinn leicht angezogen. Legen Sie jetzt beide Hände wie auf dem Bild (S. 99) mit der Handkante an die Leistengegend. So, als wollten Sie Ihr Bäuchlein stützen. Konzentrieren Sie sich jetzt auf die Fingerspitzen der Mittelfinger. Nach einer Weile werden Sie womöglich ein warmes, kribbelndes Gefühl spüren. Lassen Sie die Energie, die Sie fühlen, langsam vom Finger ins Handgelenk und weiter zum Ellbogen, den Schultern bis in den Bauch strömen. Nach einer Weile wechseln Sie zum Zeigefinger, denken an seine Spitze, dann zum Ringfinger, dem Daumen und kleinen Finger. Ein Gefühl des Wachsens entsteht, die Finger scheinen sich auszudehnen und die Gelenke und Knochen fühlen sich gut an. Diese Übung, die man in fünf Minuten machen kann, beruhigt den Geist und stoppt den lärmenden Gedankenfluss im Kopf. In Ihrem Körper breitet sich ein tiefes Gefühl der inneren Ruhe, Entspannung und

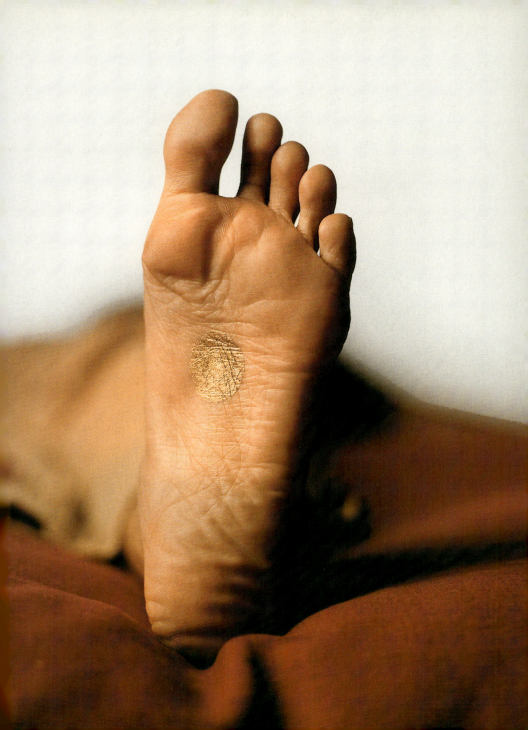

DIE KNOCHEN ENTSPANNEN

»Was fest verwurzelt ist, kann nicht ausgerissen werden«, sagt Laotse. Stellen Sie sich aufrecht hin wie ein Säule. Die Füße schulterbreit. Das Kinn leicht eingezogen. Das Becken nach vorne. Die Füße kurz in den Boden krallen und loslassen. Heben Sie die Arme, als würden Sie einen großen Ball umarmen. Sie können sich auch vorstellen, Ihre Arme wären ein Bogen, der durch imaginäre Bogensehnen gespannt wird. Allmählich stellt sich ein Gefühl ein, als sei der ganze Körper über den Scheitelpunkt des Kopfes (Himmelspass) mit einem seidenen Faden am Himmel aufgehängt. Sie sind innerlich und äußerlich ausbalanciert. Atmen Sie ruhig ein und aus. In der Vorstellung spüren Sie, wie Sie sich ausdehnen. Alle Gelenke lockern sich und dehnen sich aus. Mit allen Poren des Körpers nehmen Sie frisches Chi aus der Natur auf (vgl. Körperatmung S. 36). Stellen Sie sich jetzt vor, Ihre Knochen wären Antennen, die das Chi empfangen und über das Knochenmark in Ihren Körper leiten.

Klarheit aus. Gleichzeitig lösen sich muskuläre Spannungen auf und der Alltagsstress fällt vollkommen von Ihnen ab.

AUF ZEHENSPITZEN

Analog funktioniert das bei meiner Übung für die Zehen. Setzen Sie sich oder legen Sie sich entspannt hin. Lenken Sie Ihre Aufmerksamkeit auf die Zehenspitzen. Zuerst beginnt man an die Spitze des großen Zehs zu denken, stellt sich vor, wie das angenehme Gefühl des frischen Chi die Gelenke und Knochen entlangströmt, die Beine hoch über die Kniegelenke bis in den Bauch. Allmählich wechseln Sie dann zur Spitze des kleinen Zehs, genauso geht es dann von Zehe zu Zehe weiter.

MIT DEN KNOCHEN ATMEN

Es klingt verrückter, als es ist, aber wir sind mit unserer Vorstellungskraft in der Lage, »mit unseren Knochen zu atmen«, wie das die taoistischen Meister in China nannten. Laotse, der das »Tao te King« geschrieben hat, oder der Weise Tschuang Tse beherrschten diese Kunst der Entspannung. Als wäre unser Körper eine Antenne, die das frische Chi aus der Natur empfängt, nehmen wir dabei neue Lebensenergie durch jede einzelne Körperpore auf.

Die Taoisten stellten sich das verzweigte Knochenskelett des Menschen wie einen Baum vor. Als Kinder haben wir die größte Menge an vitalem Knochenmark. Mit zunehmendem Alter verändert sich das rote Knochenmark und wird mehr und mehr durch Fettablagerungen weiß. Die Folge: Die Knochen werden porös und brüchig. Mit Hilfe der Knochenatmung kann dem Verlust von Knochenmasse vorgebeugt werden. Neues, vitales Mark kann sich durch die Aufnahme von Chi bilden.

MIT EINER HAND KLATSCHEN

Eine berühmte Zen-Geschichte handelt von den verzweifelten Anstrengungen eines jungen Schülers, der von seinem Meister eine scheinbar unlösbare Aufgabe gestellt bekommt.»Du kannst den Ton zweier Hände hören, wenn sie zusammenklatschen«, sagte der Meister.»Aber jetzt zeig mir den Ton einer Hand.« Der Schüler wusste keine Antwort und zog sich in seine Kammer zurück, um zu meditieren. Plötzlich hörte er das Geräusch tropfenden Wassers – und dachte, das sei die Lösung. Aber der Meister schüttelte nur den Kopf. Auch in den nächsten Tagen und Wochen fand er keine Antwort. Er glaubt, das Rauschen des Windes, der Gesang der Heuschrecken oder der Schrei der Eule klinge wie das Klatschen einer Hand. Aber jedes Mal schüttelte der Meister den Kopf. Erst als der Schüler mit seiner Suche aufhörte und innerlich ruhig wurde, fand er in der Stille den tonlosen Ton: das Klatschen einer Hand.

DIE SPRUDELNDE QUELLE: FÜR MINIMALISTEN

Wer nur ganz wenig Zeit für die heutige Lektion hat, kann sich jeweils ein paar Minuten nur auf den Energiepunkt in der Mitte der Hand oder der Fußsohle konzentrieren. Allein mit der Kraft der Gedanken wirkt das so

BUDDHA

Das Schriftzeichen für »Fo«, so heißt »der Erleuchtete« auf Chinesisch. Siddharta Gautama war ein Fürstensohn und lebte zirka 566 bis 486 v. Chr. in Indien. Auf der Suche nach dem Sinn des Lebens wurde er zum Wandermönch. Unter einem Feigenbaum meditierend, fand er die Erleuchtung: »Gier, Hass und Verblendung sind die Grundübel des Menschen.« Zur Überwindung des Leidens empfahl Buddha den »Edlen achtfachen Pfad«: rechtes Glauben, rechtes Denken, rechtes Sprechen, rechtes Tun, rechtes Leben, rechtes Streben, rechte Konzentration, rechtes Sichversenken.

BUDDHAS BEDIENUNGSANLEITUNG

»Der Erde gleich will ich die Übung üben, unerschütterlich und ruhig wie der Boden, auf dem ich sitze. Dem Wasser gleich will ich die Übung üben. Klar wie ein Bergsee ist mein Gemüt. Der Luft gleich ist mein Gefühl. Weit wie der blaue Morgenhimmel. Die Gedanken beruhigend will ich einatmen, die Gedanken beruhigend will ich ausatmen. Den ganzen Körper empfindend will ich einatmen, den ganzen Körper empfindend will ich ausatmen. Heiter empfindend will ich einatmen. Heiter empfindend will ich ausatmen. So übt sich der Übende und freut sich der Stille.
Aus den Reden des Buddha
Übung: *Reiben Sie die Handfächen aneinander, bis sie warm sind. Legen Sie beide Hände auf die Augen. Das beruhigt und entspannt.*

entspannend wie eine Reflexzonenmassage. Schon Buddha kannte den Punkt, der in der Mitte der oberen Fußsohle liegt: Er nannte ihn die »sprudelnde Quelle«.

LERNEN SIE FLIEGEN

Probieren Sie das doch gleich mal in der Mittagspause aus. Wenn ich mich auf die »sprudelnde Quelle« konzentriere, fangen meine Gedanken an zu fliegen und ich fühle mich ganz schwerelos. Alle Mühsal fällt von mir ab und ich vergesse alle Sorgen. Mein Herz beruhigt sich und fühlt sich klar und stark.

Aber fliegen Sie nicht zu weit.

Samstag *Lektion 6*

Blaumachen
WIE FARBEN DEN KÖRPER ENTSPANNEN

Lektion sechs **113**

EINE ROSE IST EINE ROSE IST EINE ROSE

Nehmen Sie ein (gedankliches) Bad in Rosen. Stellen Sie sich die Blütenpracht und den angenehmen Duft von Rosen vor. Am besten gehen Sie dafür in einen wunderschönen Rosengarten oder stellen sich bei geöffnetem Fenster vor einen Blumenstrauß. Das Rot der Rosen beruhigt. Die Farbe wirkt wohltuend auf die Seele. Sie öffnet unser Herz. Nehmen Sie ein Blütenbad in Rosen, das bringt Sie wieder in Harmonie.

IN DER HEUTIGEN LEKTION GEBE ICH IHNEN FREI. »Aber Meister«, höre ich sofort meine ungeduldigen Schüler protestieren. »Frei? Wie soll das denn gehen?«, sagt einer. »Zeit, Zeit, ich möchte Zeit haben! Endlich mal keine Termine, keine Hektik.« »Macht doch mal blau«, antworte ich, »denkt an schöne Farben.« Und lächle in ihre verdutzten Gesichter. Einige schauen mich so verkrampft an wie eine dreibeinige Kröte, die auf dem Rücken einen Elefanten trägt.

BLAUMACHEN AUF CHINESISCH

Nichts scheint den Menschen aus dem Westen schwerer zu fallen als das Nichtstun. Im Urlaub, ja, kein Problem, da ist die Sehnsucht nach der Entspannung der größte Traum überhaupt. Aber jetzt, heute, hier und sofort – undenkbar. Wir haben doch keine Zeit, müssen gleich weg, irgendwohin, zum nächsten Termin oder wer weiß, wohin. In meinen Übungen lernen Sie, wie das Ausspannen trotzdem geht, auch und gerade im Alltag, während der Arbeit und in den Pausen dazwischen.

Wenn man in Asien blaumachen will, denkt man an Farben. Ich habe diesen Trick in verschiedenen Übungen von alten Meistern in Tibet, Indien und China gelernt. Schon als kleiner Junge beobachtete ich zu Hause die Energieübungen meines Vaters und Großvaters, die seit vielen Generationen nach Art der Shaolin-Mönche die inneren Heilkünste pflegten. Von Zeit zu Zeit setzten sie sich bewegungslos in eine Ecke – und entspannten sich. »Was macht ihr da?«, fragte ich, als ich etwa vier Jahre alt war. »Ich denke Gelb«, sagte mein Vater. »Und ich denke an den Frühling«, sagte mein Opa.

Erst später, als ich mich in das Studium der chinesischen Medizin vertiefte, verstand ich die Wirkung. Die Konzentration auf Farben wirkt direkt auf die Chi-Zonen unseres Körpers, die uns mit frischer Lebensenergie versorgen. Diese Punkte oder Zonen, etwa am Kopf, an den Händen oder im Bauch liegen entlang der Meridiane (Energieleitbahnen), die sich wie ein unsichtbares Netz über den Körper erstrecken.

WIE FARBEN ENTSPANNEN

Nach chinesischer Vorstellung sind Farben »sichtbares Chi«, sichtbare Lebensenergie. Besonders die Farben der Natur gelten als äußerst wirksam: weil sie immer harmonisch sind. Man sagt: »Der richtige Farbton lässt den Körper aufblühen.«

In der chinesischen Medizin werden Farben eingesetzt, um einen gestörten Energiefluss im Körper zu regulieren. Allgemein wirkt Rot wärmend und harmonisierend und hilft, Blockaden abzubauen. Orange und Rosa sind entkrampfend und wirken entspannend. Darüber hinaus vermitteln die Farben Lebensfreude und gleichen einen Energiemangel aus. Gelb und Gold sind stärkend und regen das Nervensystem positiv an. Grün und Weiß beruhigen Herz und Kreislauf. Blau wirkt kühlend und bringt Ruhe und Harmonie. Violett fördert die Konzentration. Schwarz ist ausgleichend und strahlt Ruhe aus.

GELB DENKEN

Denken Sie ganz intensiv an ein leuchtendes Gelb. Spüren Sie, wie die warme Kraft der Farbe Ihren Körper durchströmt. Gelb wirkt stärkend und regt das Nervensystem positiv an, versorgt die Muskeln mit neuer Energie und stimuliert die Verdauung. Am besten funktioniert das, wenn Sie dabei an das Gefühl denken, das ein wunderbarer Frühlingstag in uns auslöst. Die Konzentration auf Farben wirkt direkt auf die Chi-Zonen unseres Körpers, die uns mit frischer Lebensenergie versorgen. Diese Punkte oder Zonen, etwa am Kopf, an den Händen oder im Bauch, liegen entlang der Meridiane (Energieleitbahnen), die sich nach chinesischer Vorstellung wie ein unsichtbares Netz über unseren ganzen Körper erstrecken. Krankheit oder Verspannungen entstehen, wenn der Energiefluss des Chi blockiert oder gestört ist.

BUDDHAS BEDIENUNGSANLEITUNG

»In heiterer Ruhe verweilt der Übende, gleichmütig, einsichtig, klar bewusst, ein Glück empfindet er im Körper. Seinen Körper durchdringt und durchtränkt er mit Heiterkeit. Er stellt sich vor, wie in einem Lotusweiher einzelne blaue oder rote oder weiße Lotusrosen im Wasser entstehen, im Wasser sich entwickeln, unter dem Wasserspiegel bleiben, aus der Wassertiefe Nahrung aufsaugen und ihre Blüten und Wurzeln von kühlem Wasser durchdrungen, durchtränkt, erfüllt und gesättigt sind, sodass nicht der kleinste Teil jeder blauen oder roten oder weißen Lotusrosen von kühlem Nass ungesättigt bleibt. Ebenso macht es nun auch: durchdringt, durchtränkt, erfüllt und sättigt euch mit der Heiterkeit des Herzens, sodass nicht der kleinste Teil eures Körpers von dieser seligen Heiterkeit ungesättigt bleibe.«
Aus den Reden Buddhas

DIE NASE FREI MACHEN

Die wenigsten Menschen atmen gleichmäßig durch beide Nasenlöcher. Meistens ist eines aktiver als das andere. Mit dieser Übung können Sie sich selbst prüfen und herausfinden, mit welchem Nasenloch Sie freier atmen. Halten Sie sich mit dem Daumen der rechten Hand das rechte Nasenloch zu und atmen Sie jetzt nur mit dem linken Nasenloch ein. Ausatmen. Danach halten Sie sich mit dem Ringfinger der rechten Hand das linke Nasenloch zu. Atmen Sie jetzt nur mit dem rechten Nasenloch ein. Ausatmen. Das Nasenloch, mit dem Sie »mehr« Luft bekommen, ist Ihr »aktives« Nasenloch, das andere das »passivere«. Um die Balance in der Atmung herzustellen, atmen Sie jetzt einige Male in folgendem Wechsel: einatmen mit dem »aktiven« Nasenloch, Finger wechseln und ausatmen mit dem »passiven« Nasenloch. Danach machen Sie es eine Weile umgekehrt: einatmen mit dem »passiven« Nasenloch, Finger wechseln und ausatmen mit dem »aktiven« Nasenloch. Das Ziel: Je ausgeglichener die Luft durch unsere beiden Nasenlöcher einströmt, umso besser verteilt sich auch der Energiefluss des Chi im Körper. Nach dieser Vorbereitung können Sie die »9-Buddha-Übung« auf der nächsten Seite machen. (Geübtere atmen ohne Zuhalten der Nasenlöcher – sie haben gelernt, sich den Atemfluss über links oder rechts vorzustellen.)

DIE 9-BUDDHA-ÜBUNG

Für Anfänger hört sich das alles zunächst kompliziert an. Es ist aber ganz einfach: In unserem Körper gibt es nach chinesischer Vorstellung drei vertikale Energieleitbahnen. Der Hauptkanal reicht vom Scheitel bis zum Energiespeicher im Unterbauch (unteres »Dantian«), den man sich wie ein Auffangbecken oder eine große Kugel vorstellen kann. Daneben gibt es noch zwei Seitenkanäle, etwa so dick wie Strohhalme, die jeweils vom linken und rechten Nasenloch bis in den Unterbauch reichen. Bei der 9-Buddha-Übung geht es nun darum, durch Atmung den Energiefluss des Chi entlang dieser drei Kanäle zu beeinflussen. Das Atmen ist wie ein Symbol für das unsichtbare Chi, die feinstoffliche Lebensenergie. In Gedanken stellen wir uns bei jedem Einatmen das Chi als weißes Licht vor, das sich auf dem Weg abwärts durch die Kanäle rot verfärbt. Beim Ausatmen blasen wir das verbrauchte Chi als graue Luft aus uns heraus.

1. *Über das rechte Nasenloch einatmen. Das Chi fließt über den rechten Kanal bis in den Unterbauch. Dabei färbt es sich Rot. Von dort strömt das Chi nach oben über den linken Kanal und wird als graue Luft über das linke Nasenloch ausgeatmet.*

2. *Nun atmen Sie über das linke Nasenloch ein. Die Luft strömt in den Bauch und über den rechten Kanal wieder nach oben. Sie atmen über das rechte Nasenloch aus.*

3. *Nun atmen Sie über beide Nasenlöcher gleichzeitig ein. So strömt über beide Seitenkanäle das rote Chi in den Unterbauch. Hier sammelt es sich und steigt als rotes Chi nach oben, um über den Mittelkanal bis zum Scheitelpunkt des Kopfes zu strömen. Beim nächsten Einatmen fließt das Chi zurück in den Unterbauch und wird dann als verbrauchte Energie über die Seitenkanäle und die Nasenlöcher ausgeatmet.*

4. *Über das linke Nasenloch einatmen. Über den linken Kanal geht das Chi in den Unterbauch, von dort über den rechten Kanal wieder nach oben. »Rechts« ausatmen.*

5. *Umgekehrt über das rechte Nasenloch einatmen. Über den rechten Kanal fließt das Chi in den Unterbauch. Beim Ausatmen strömt es als verbrauchte graue Energie wieder über den linken Kanal nach oben. Mit dem linken Nasenloch ausatmen.*

6. *Wie bei Nr. 3 ausführen.* ***7.*** *Noch mal wie Nr. 3.* ***8.*** *Wie Nr. 1.* ***9.*** *Wie Nr. 2.*

BLUME DER ENTSPANNUNG

Das Schriftzeichen für Lotus. Im gesamten asiatischen Kulturkreis wird der Lotus als Blume der Weisheit verehrt. Im Buddhismus ist die Pflanze ein Symbol für die Erleuchtung. Buddha wird häufig im Lotussitz und auf den Blüten ruhend dargestellt. Auch als Heilpflanze und Delikatesse wird der Lotus geschätzt. Die Wurzeln sind ein vitaminreicher Energiespender. Die Blütenblätter und Samen werden in der chinesischen Medizin als Stärkungsmittel, zur Linderung von Magenschmerzen, Senkung des Cholesterinspiegels und bei Blutarmut verwendet. Das Mantra »Om, mani padme hum« heißt wörtlich: »O, Kleinod im Lotus, Amen«.

Krankheit oder Verspannungen entstehen, wenn der Fluss des Chi blockiert oder gestört ist. Mit Hilfe der Akupunktur, durch Massage oder eben durch Gedankenkraft ist es möglich, das Chi wieder in den Meridianen fließen zu lassen.

Die Konzentration auf Farben ist eine besonders einfache und wirksame Methode, die körperliche und emotionale Verspannungen auflöst, die Lebensenergie steigert und die Selbstheilungskräfte stärkt. Das Prinzip wurde schon vor mehr als 3000 Jahren, im 11. Jh. v. Chr., in dem ältesten medizinischen Lehrbuch, dem »Huang Di Nei Jing«, des »Gelben Kaisers Klassiker der inneren Medizin«, beschrieben. Paradoxerweise heißt es da: »Du musst loslassen, damit du etwas bewegen kannst.«

Das gelingt, wenn man lernt, die Alltagsgedanken auszublenden: »Den Affen muss man anbinden«, sagt man in China. Die Nervosität besiegen. Das Sprunghafte unseres Gedankenstroms beruhigen. Diese Lust, ständig abzuschweifen. Erst wenn der Mensch innerlich zur Ruhe gekommen ist, kann er neue Kraft schöpfen. Wie ein leeres Gefäß, das neues Wasser aufnehmen kann. Aus der Stille entsteht neue Bewegung.

LOSLASSEN, UM ETWAS ZU BEWEGEN
Entspannen Sie sich durch Sitzen und gleichmäßiges Atmen. Denken Sie jetzt ein paar Minuten intensiv an die Farbe Gelb, die sich vom Bauch aus über Ihren ganzen Körper ausbreitet. Sie spüren dabei ein angenehmes Gefühl der Wärme und Beruhigung. Gelb wirkt stärkend und harmonisierend auf das Nervensystem. Die Muskeln können sich wieder erholen und die Verdauung wird angeregt.

Genauso können Sie, während Sie eine meiner Übungen machen, an das frische Grün des Frühlings denken und damit Ihren ganzen Körper verjüngen. Lassen Sie Frühlingsgefühle in sich entstehen. Stellen Sie sich das Erwachen der Natur »farblich« vor. Etwa wie das Knospen der Blumen.

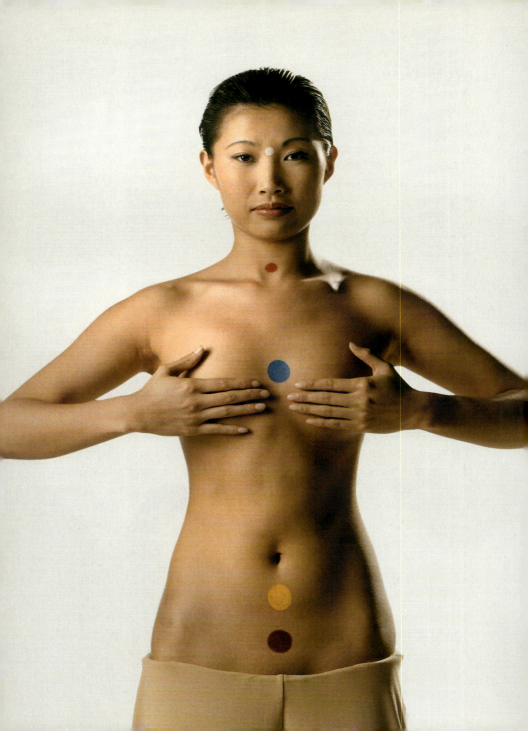

REGENBOGEN
Setzen oder stellen Sie sich entspannt hin und blenden Sie lästige Alltagsgedanken aus. Denken Sie jetzt an die schönen Farben des Regenbogens. In Ihrer Vorstellung ist Ihre Stirn in weißes Licht getaucht. Der Halsbereich in Rot, die Brust in Blau, der Magen in Gelb, der Unterbauch in Lila. Zur Anschauung sehen Sie hier Farbpunkte, die in Ihrer Vorstellung wie ein breites Band quer über Ihren Körper verlaufen. Bei der Übung lassen Sie Ihre Aufmerksamkeit ganz langsam vom Kopf bis zum Bauch gleiten. Eine Welle der Entspannung strömt über Ihren Körper.

MACH'S WIE DER LOTUS
Für die Buddhisten ist der Lotus die Blume der Entspannung. In Darstellungen sieht man häufig Buddha im Lotussitz auf einem Meer von Lotusblüten verweilen, als würde er schweben. Der Lotus symbolisiert die innere Stille einer menschlichen Seele. Es gibt eine Reihe von Lotus-Übungen. Die einfachste ist, dass man sich vorstellt, im Bauch und mit dem ganzen Körper so sanft und leicht zu atmen wie eine Lotusblüte.

Die geheimnisvolle Schönheit des Lotus hat die Menschen besonders in Asien seit jeher fasziniert. Obwohl die mit den Seerosen verwandte Pflanze meist in schmutzigen Tümpeln gedeiht, leuchtet die Blüte an der Wasseroberfläche voller Reinheit, weil von ihrer besonderen Oberflächenstruktur jeglicher Dreck wie durch ein Wunder vollkommen abprallt. Oder wie es die Buddhisten sehen: Die Blüte erhebt sich majestätisch über dem Schlamm wie ein Zeichen für überwundenes Leiden. Weil es ihr gelingt, sich gegen alle Widerstände nach oben ans Licht zu winden. In

DAS FLIEGENDE BOOT

Legen Sie sich auf den Bauch. Die Stirn ruht auf dem Boden. Die Arme sind nach vorne ausgestreckt und liegen noch entspannt auf dem Boden. Die Füße sind nach außen gespreizt. Beim Einatmen heben Sie jetzt gleichzeitig Arme und Beine, bis nur noch der Bauch auf dem Boden bleibt. Der Körper formt jetzt eine zarte Kurve von den Zehenspitzen bis zu den Fingerspitzen. Atmen Sie ganz ruhig und halten Sie die Position für etwa fünf Sekunden. Ausatmen und Arme und Beine sinken lassen. Entspannt auf dem Bauch liegen bleiben. Nach häufigerem Üben können Sie versuchen, beim Anheben der Arme mit dem Kopf zur Decke zu blicken.

einer alten Schrift steht: »Der Leib gleicht den Wurzeln einer Lotuspflanze, der Geist ihrer Blüte. Die Wurzeln bleiben im Schlamm, die Blüte öffnet sich zum Himmel hin.«

Von Buddha stammt die gedankliche Übung, sich ganz und gar in einen Lotus zu versetzen. In mehreren Reden an die Mönche preist er die Kraft der berühmten Blume: »Stellt euch vor, wie in einem Lotusweiher einzelne blaue oder rote oder weiße Lotusrosen im Wasser entstehen, im Wasser sich entwickeln, unter dem Wasserspiegel bleiben, aus der Wassertiefe Nahrung aufsaugen und ihre Blüten und ihre Wurzeln von kühlem Wasser durchdrungen, durchtränkt, erfüllt und gesättigt sind, sodass nicht der kleinste Teil jeder blauen oder roten oder weißen Lotusrose von kühlem Nass ungesättigt bleibt. Ebenso macht es nun auch: durchdringt, durchtränkt, erfüllt und sättigt euch mit der Heiterkeit des Herzens, sodass nicht der kleinste Teil eures Körpers von dieser seligen Heiterkeit ungesättigt bleibe.«

In seiner unnachahmlichen Art bläut Buddha seinen Mönchen danach in unzähligen Beispielen ein, wie man weitere Farben in sich spüren soll. »Gleichwie eine Hanfblüte blau ist, blau schimmert, blau scheint, blau aussieht. Gleichwie eine Zimtblüte gelb ist, gelb schimmert, gelb scheint, gelb aussieht. Gleichwie eine Malvenrose rot ist, rot schimmert, rot scheint, rot aussieht. Gleichwie der Morgenstern weiß ist, weiß schimmert, weiß scheint.«

So vollständig solle man jetzt von dem Gefühl der Entspannung durchdrungen sein, sagt Buddha, »wie ein Barbier, der Seifenpulver in ein Becken streut, es mit Wasser versetzt, verreibt und vermischt, sodass sein Schaumball völlig durchfeuchtet, innen und außen mit Feuchtigkeit gesättigt ist und nichts herabträufelt«.

WEISSES A, ROTER LOTUS, GOLDENER MOND

Suchen Sie sich einen ruhigen Ort und stellen Sie sich drei Bilder vor: einen weißen Buchstaben A, einen roten Lotus, einen goldenen Mond. Denken Sie sich für Ihren unteren Körperbereich den roten Lotus. Für Ihre Mitte den goldenen Mond. Und für Ihren Kopf das weiße A. Atmen Sie ruhig ein und aus. In Ihrer Vorstellung versuchen Sie nun, die drei Bilder auf Ihrem Körper zur Deckung zu bringen, wie bei einer fotografischen Überblendung. Hierbei soll das weiße A genau über Ihrem Kehlkopf sitzen.

NEHMEN SIE EIN BAD IN ROSEN

Statt der Buddha-Übung mit dem Rasierschaum empfehle ich Ihnen lieber ein (gedankliches) Bad in Rosen. Stellen Sie sich Rosen vor oder am besten gehen Sie in einen Rosengarten. Das Rot der Rosen beruhigt. Die Farbe und ihr Duft wirken wohltuend auf die Seele. Sie öffnet unser Herz. Auch ein Blütenbad mit Rosen kann den Körper harmonisieren.

Ärgern Sie sich nicht mehr länger grün und blau. Farben sind das beste Heilmittel gegen das Schwarzsehen.

Lektion sechs **129**

Sonntag *Lektion 7*

Das Glück speichern

WIE MAN DIE GELASSENHEIT LERNT

Lektion sieben **131**

WIR WARTEN ALLE AUF DAS WUNDER. Leben mit dem Gedanken an das große *Wenn*. Wenn ich nur einmal im Lotto gewinnen würde. Dann kaufte ich mir eine Yacht, so groß, dass ein Jaguar darauf Platz hätte – und segelte einmal um die Welt. An jedem Hafen legte ich kurz mal an und ließe mich mit dem Chauffeur durch Singapur, Tokio und New York kutschieren. Oder: Wenn ich nur jemand fände, der mich liebt, dann wäre ich glücklich. Ach, wenn ich nur 10 Kilo weniger wiegen würde, wenn ich nur ein paar Zentimeter größer wäre, wenn ich mir nur das Rauchen abgewöhnen könnte ...

An all diesen Träumen und Wünschen ist nichts Schlechtes. So ist nun mal die Natur des Menschen. Aber sobald diese *Wenns* zur fixen Idee werden, blockieren sie unsere Seelen. Wir sind nie wirklich glücklich, weil da immer dieses *Wenn* im Weg steht. Alles könnte ja noch eine Nummer größer, besser, schöner sein. Die Ehefrau könnte blondere Haare haben,

TAGTRÄUMEN

Legen Sie sich wie bei der Übung »Das Glück speichern« (S. 139) auf einen weichen Teppich bei geöffnetem Fenster – oder, noch besser, auf eine Sommerwiese. Schauen Sie in die Unendlichkeit bis an den Rand des Universums und atmen Sie dabei aus. Beim Einatmen holen Sie den Blick wieder zurück und schauen tief in sich hinein. Stellen Sie sich dabei vor, wie frisches Chi in Ihren Körper strömt. Vergessen Sie, dass Sie eine Übung machen, alles geschieht ganz automatisch, als würden Sie tagträumen. Ich erinnere mich im entspannten Zustand gerne an meine Kindheit in Peking. Wie ich im Botanischen Garten vor den Toren der Stadt unter einem dicken, tausend Jahre alten Ginkgobaum lag und vor mich hin träumte. Ich konnte stundenlang in den Himmel schauen und mich über die weißen Wolken freuen.

warum hat mein Mann keinen Waschbrettbauch und weshalb hat meine Wohnung keinen Garten mit Swimmingpool? Wieso bin ich nicht schon längst der Boss? Warum hat mein Nachbar jeden Morgen so ein unverschämtes Grinsen im Gesicht? Man kann an kleinen Problemen groß zu Grunde gehen.

Wir sind blind für den Augenblick. Nie wirklich da, wo wir jede Sekunde sind: im Hier und Jetzt. Leben so, als wären wir ständig auf dem Sprung zu etwas anderem. Wer dauernd auf dem Sprung ist, verspannt und verkrampft sich und kommt nie zur Ruhe. Wie ein Wanderer, der einen Hügel besteigt und denkt, wenn ich da oben bin, dann habe ich's geschafft. Wenn er dann endlich oben steht, sieht er den nächsten Berg vor sich aufragen. Jetzt nur noch den, sagt er sich, und geht weiter. Immer weiter: bis zum nächsten Berg. Die alten Griechen hatten für eine mühsame Arbeit, die kurz vor dem guten Ende misslingt, einen Ausdruck: Sisyphosarbeit. Der Legende nach bekam Sisyphos eine furchtbare Strafe: Er

DIE BALANCE FINDEN

Gehen Sie in die Hocke, die Füße sind leicht auseinander. Die Arme ruhen mit den Ellbogen auf den Knien. Beide Hände bedecken sanft Ihr Gesicht. Achten Sie darauf, dass Ihre Nase frei bleibt. Üben Sie keinen Druck auf die Augen aus. Atmen Sie ganz sanft ein und aus. Halten Sie diese Stellung, so lange es für Sie angenehm ist (die Übung ist nicht geeignet bei ernsten Knieproblemen). Fortgeschrittene können die entspannende Wirkung noch verstärken, indem Sie die Füße ganz zusammennehmen. Die Übung trainiert die innere Balance. Außerdem werden Schwindelgefühle und Magenkrämpfe gelindert und die Verdauung angeregt. Dehnt die Oberschenkelmuskeln. Wirkt wohltuend auf schmerzende Knöchel und Kniegelenke.

WIE MAN DAS GLÜCK FINDET

Am besten gehen Sie für diese Übung in die Natur. Ich habe im Wald mehr gelernt als von weisen, grauhaarigen Meistern. Blumen und Bäume sind manchmal die besten Lehrmeister. Eine alte Kiefer, ein Felsen und ein plätschernder Bach machten mich glücklicher als die klügsten Bücher. Wenn man in die Natur geht, verkleinern sich alle Probleme. Suchen Sie sich einen Ort, an dem Sie sich wohl fühlen. Ein Sandstrand am Meer, ein Straßencafé in der Stadt, ganz egal, wo Sie gerne verweilen wollen. Lassen Sie Ihren Blick schweifen und atmen Sie ruhig und tief ein und aus. Nehmen Sie mit allen Sinnen den schönen Moment ganz bewusst wahr. Und dann speichern Sie das Glück in dem Gedächtnis Ihres Herzens. Halten Sie den Moment in Ihrer Erinnerung und im Alltag wach. Wir Menschen haben einen verkümmerten Glücksspeicher. Wecken wir ihn auf! Dann ist es ganz leicht, ihn wieder voll zu tanken.

DAS GLÜCK SPEICHERN

Auf den Rücken legen und Augen schließen. Ruhig atmen (zur Körperhaltung mehr auf S. 142). Reisen Sie in Gedanken durch Ihren Körper, vom Kopf bis zum Fuß und zurück. Sie entspannen dabei Schritt für Schritt jeden einzelnen Muskel des Körpers durch kurze Anspannung – und wieder loslassen. Beginnen Sie mit Kopfhaut und Stirn. Dann Augenbrauen, Augen, Augenlider, Wangen und Nasenlöcher. Atmen Sie viermal tief aus und ein.

Entspannen Sie Mund, Kiefer, Nacken, Schultern, Arme, Handgelenke, Hände, Finger und Fingerspitzen. In Ihrer Vorstellung geht das Ausatmen von den Fingerspitzen nach oben zu den Armen, Schultern bis zur Nase. Und umgekehrt atmen Sie über die Fingerspitzen ein. Danach atmen Sie viermal tief aus und ein.

Entspannen Sie Fingerspitzen, Finger, Hände, Handgelenke, Unter- und Oberarme, Schultern, den oberen Rücken und die Brust. Auf den Mittelpunkt der Brust konzentrieren. Atmen Sie viermal tief ein und aus.

Entspannen Sie den Magen, Unterbauch, Unterleib, unteren Rücken, die Hüften, Oberschenkel, Knie, Unterschenkel, Knöchel, Füße und Zehen. Atmen Sie »mit Ihrem ganzen Körper« aus und wieder ein. Blenden Sie alle Sorgen aus. Sie atmen nur noch Ruhe und Entspannung ein. Atmen Sie viermal tief aus und ein.

Entspannen Sie die Zehen, Füße, Knöchel, Unterschenkel, Knie, Oberschenkel, Hüften, den unteren Rücken, Unterleib, dann Magen und die Brust. Auf den Mittelpunkt der Brust konzentrieren. Atmen Sie viermal aus und ein.

Entspannen Sie den oberen Rücken, Schultern, Oberarme, Unterarme, Handgelenke, Hände, Finger und Fingerspitzen. Atmen Sie viermal aus und ein.

Entspannen Sie die Fingerspitzen, Finger, Hände, Handgelenke, Unterarme, Oberarme, Schultern, den Nacken, das Kinn, die Kiefergelenke, den Mund und die Nasenlöcher. Atmen Sie viermal ein und aus.

Entspannen Sie die Wangen, Augenlider, Augen, Augenbrauen, Stirn und Kopfhaut. Jetzt richten Sie Ihre Aufmerksamkeit für 30 bis 60 Sekunden auf den ruhigen und klaren Fluss des Atems. Genießen Sie den angenehmen, ausgeglichenen Rhythmus des Ein- und Ausatmens. Der Atem ist weich und tief und geräuschlos. Öffnen Sie langsam Ihre Augen. Strecken Sie den Körper. Speichern Sie in Ihrem Herzen dieses schwebende Glücksgefühl. Die heitere Ausgeglichenheit den Tag über festhalten.

muss einen gewaltigen Marmorblock auf einen steilen Berg hinaufwälzen. Kaum steht er erschöpft und schweißbedeckt oben, entgleitet der Brocken seinen Händen und stürzt in das tiefe Dunkel des Tals hinab. Immer wieder und wieder beginnt Sisyphos von Neuem. Und niemand weiß, wann er erlöst werden wird.

Wir sind alle Meister darin, uns abzulenken. Kaum sind wir verliebt, glauben wir, Berge versetzen zu können. Ein neuer Job, und schon sieht alles wieder rosig aus. Solange unsere vermeintliche »Glückssträhne« anhält, fühlen wir uns unbesiegbar. An der Oberfläche glauben wir im 7. Himmel zu schweben: »Her mit dem Geld, ich kaufe mir jetzt alles Glück der Welt!« Jeder weiß aus eigener Erfahrung, wie vergänglich das alles ist und wie schnell uns die blasse Realität wieder einholt. Dann: Katerstimmung, Absturz, Depression.

»Meister, geben Sie uns das Allheilmittel, jetzt sofort. Am besten als Brausetablette in der handlichen Familienpackung. Einfach in ein Glas Wasser damit, trinken – und dann fühlen wir uns wieder wie neu geboren.«

Gerne würde ich Ihnen dieses Wundermittel schenken. Aber, glauben Sie mir, Sie brauchen es gar nicht mehr. In den letzten Tagen haben Sie Lektion für Lektion gelernt, sich zu entspannen. In der siebten Lektion zeige ich Ihnen, wie man die Gelassenheit in sich entstehen lässt.

IM AUGENBLICK LEBEN

Warum sind die Menschen nervös und angespannt? Weil sie sich so schnell aus der Ruhe bringen lassen. Weil sie sich manchmal fühlen, als fiele ihnen der Himmel auf den Kopf. Weil sie nicht mehr wissen, wie man sich entspannt. Um dem Trubel der täglichen Dinge gegenüber lockerer zu werden, muss man erst einmal begreifen, dass die Hektik des Alltags der Normalzustand ist. Das Wesen unserer Existenz ist die ständige Veränderung. Unser Leben rauscht an uns vorbei, Moment für

NOCH MEHR GLÜCK SPEICHERN

Die Übung »Das Glück speichern« funktioniert noch besser, wenn man auf folgende Weise atmet und die Körperhaltung beachtet: Die Füße sind auseinander und auf bequeme Weise ausgestreckt. Die Arme liegen neben dem Körper, die Handflächen nach oben, die Finger leicht gekrümmt. Versuchen Sie, einigermaßen symmetrisch und gerade zu liegen. Kopf, Hals und Rumpf sind in einer Linie. Das Kinn leicht an die Brust ziehen, der Nacken ist ein wenig gedehnt. Sie liegen still und vollkommen relaxt. Ihre Aufmerksamkeit richtet sich auf das Atmen. Sie atmen weich und tief durch die Nase ein und wieder aus. Kein Atemgeräusch sollte zu hören sein, der Fluss des Atmens ist natürlich und ohne Stocken.

Und so geht die Minimalversion: Der Übungsablauf lässt sich vereinfachen, wenn Sie etwa »nur« die Arme, Beine und den Bauch entspannen. Das ist eine Alternative zum Mittagsschlaf: ein kurzer Power-Break. Das entspannt und verjüngt Geist und Körper. Die Ermüdung verfliegt. Ein Zustand tiefen Friedens stellt sich ein.

Moment, Szene für Szene, Landschaften, Menschen, Sommer, Winter, rasend und atemlos wie der Blick aus einem fahrenden Zug. Ein Gedanke schießt uns durch den Kopf und eine Zehntelsekunde später ist er vergessen. Ein Ton dringt in unser Ohr und vergeht. Wir öffnen die Augen und das wunderbare Morgenlicht blendet unsere Sinne. Wir blinzeln kurz und schon ist es wieder Mitternacht. Freunde treten in unser Leben und gehen, Verwandte werden älter und sterben. Eben noch waren wir 17 Jahre alt und unser Herz schlug wild beim ersten Kuss – und fünf Minuten später beim Blick in den Spiegel erscheinen uns das eigene Gesicht und die Haare grau. Wir wechseln die Kleider, den Job, die Wohnung. Unser Kontostand ist mal oben und mal unten. Manchmal gewinnen wir und mindestens so oft verlieren wir. Kein Augenblick gleicht dem anderen. Es ist ein ständiges Kommen und Gehen. Nichts ist von Dauer. Dass dies die Natur des Universums ist, machen wir uns viel zu selten bewusst. Jagen lieber atemlos wie ein Marathonläufer unseren täglichen Zielen nach: schneller, höher, weiter. Daran muss nichts Verkehrtes sein, wenn es

ENDLICH DURCHBLICKEN

Versuchen Sie mehrmals am Tag wirklich nur das zu tun, was Sie tun. Das klingt einfacher, als es ist. Bleiben Sie mit den Gedanken nur im Augenblick. Denken Sie nicht an Dinge, die Sie gleich danach tun wollen. Machen Sie es so wie ein weiser taoistischer Meister, der sagte: »Wenn ich gehe, gehe ich, wenn ich Tee trinke, trinke ich Tee. Und wenn ich sitze, sitze ich.« Das Glück kann man erst finden, wenn man aufgehört hat, es zu suchen. Man braucht ihm nicht hektisch nachzujagen, es ist längst in jedem von uns vorhanden. Manchmal sind wir nur zu blind, es zu erkennen: So, als hätten wir Zitronen vor den Augen.

uns gelingt, ab und zu eine Pause einzulegen. Innezuhalten, die Perspektive zu wechseln. Sich hinzusetzen und zu atmen. Schauen Sie in sich – und lassen Sie alle Anspannung für einen Moment von sich abfallen. Werden Sie ganz ruhig und klar. Betrachten Sie sich einmal selbst.

Fragen Sie sich: Was ist wirklich wichtig im Leben? Ein schickes Auto? Eine Rolex mit Diamantenzifferblatt für 20 000 Euro? Ein Häuschen im Grünen? Warum nicht. Berühmt sein, reich sein? Okay. Aber wenn schon, dann richtig: mit Privatjet, Koch, Chauffeur, einer Hundertschaft von Angestellten – und jeder Menge Macht, um über alles und jeden die Kontrolle zu haben. Ein paar Inseln in der Karibik als Winterdomizil. Und im Sommer Apartements in Rio, Los Angeles und Shanghai. Was noch? Gott spielen, ja das wäre schön ... Wirklich? Geht es uns allen nicht eher um viel einfachere Dinge? Zufriedenheit. Glück. Frieden. Manchmal ist das Glück ganz einfach: Wenn man zur Ruhe kommt. Oder besser: wenn man gelassen wird.

PULSSCHLAG DES LEBENS

Das Schriftzeichen für »Herz«. Für die Chinesen ist das Herz viel mehr als nur ein Muskel. In seiner Bedeutung ist es auch ein anderes Wort für Seele. »Das Herz steuert unseren Körper und unseren Geist«, sagt Meister Li, »es ist der König der Organe.« Wenn ein Chinese vom »Denken« spricht, ist damit immer eine Herzenssache gemeint. Denn die beiden Schriftzeichen für »Denken« bestehen aus einer Kombination der Zeichen für »Herz« und »Außenwelt«. »Du hast ein Gespenst in deinem Herzen«, sagt man in China, wenn jemand depressiv und ängstlich ist. Wie kann man ein gutes Herz bekommen? »Einfach lächeln«, sagt Meister Li, und locker bleiben. »Wer mit dem Herzen lächeln kann, hat seine Mitte gefunden. Kann das Leben aus dem Bauch heraus leben.«

Lange vor Sigmund Freud hat Buddha gesagt: »Was du jetzt bist, ist das Resultat von dem, was du gewesen bist. Wie du morgen sein wirst, ist die Folge von dem, wie du heute bist.« Für Buddha war deshalb ein ruhiger, ausgeglichener Geisteszustand der wichtigste Schlüssel zum Glück.

Das Glück kommt von ganz allein, wenn man aufgehört hat, es zu suchen. Man braucht ihm nicht hektisch nachzujagen, es ist längst in jedem von uns vorhanden. Nur sind wir manchmal blind dafür, es zu erkennen. Der Weg zur Gelassenheit beginnt damit, dass man begreift, tatsächlich in jedem Augenblick zu »leben«.

Oder wie es die alten Meister ausgedrückt haben: »Wenn ich gehe, gehe ich, wenn ich Tee trinke, trinke ich Tee. Und wenn ich sitze, sitze ich.«

MIT DEM BAUCH DENKEN

Gelassenheit ist die Kunst, inmitten der größten Stürme innerlich ruhig zu bleiben und aus der Stille heraus die richtigen Entscheidungen zu treffen. Meine Übungen des »stillen Qi-Gong« machen Sie durch aktive Entspannung innerlich unverwundbar. Durch die bewusste Bauchatmung entsteht eine Harmonie, die Sie wie eine Schutzhülle umgibt. Dabei wird der ganze Kreislauf angeregt und Glückshormone ausgeschüttet. Die inneren Organe werden entspannt und das Lymph- und Nervensystem ausbalanciert.

Wer seine Mitte gefunden hat, ist ganz bei sich. Kann aus dem Bauch heraus denken und handeln. Dadurch wird man unempfindlicher gegen Stress und kann sich im hektischen Alltagsleben wie ein Fisch im Schwarm bewegen, der intuitiv um jedes Hindernis herumschwimmt.

WIE MAN DAS GLÜCK SPEICHERT

Lernen Sie, das Gefühl eines schönen Moments bewusst wahrzunehmen. Und dann speichern Sie es in dem Gedächtnis Ihrer Sinne. Die ganze

EIN PERFEKTER SONNTAG

Manche Momente sind wie ein Geschenk. Morgensonne in einem Straßencafé, ein Espresso, eine gute Zeitung. Menschen kommen und gehen vorbei. Und Sie sitzen einfach nur da – und sind gelassen. Für die kleinen magischen Augenblicke im Leben muss man kein Buddha sein. »Das Glück versteckt sich überall«, sagt Meister Li, »wir können es sehen, wenn wir zur Ruhe kommen.« Wann haben Sie die nächste Verabredung mit sich selbst? Und mit dem Glück?!

MIT DEM BAUCH DENKEN
Vertrauen Sie Ihrer Intuition. Werden Sie gelassen. Bleiben Sie ruhig. Konzentrieren Sie sich mindestens einmal täglich auf Ihre Mitte. Wer seine Mitte gefunden hat, ist ganz bei sich. Kann aus dem Bauch heraus handeln. Ist unempfindlicher gegen Stress und kann sich im hektischen Alltagsleben wie ein Fisch im Schwarm bewegen. Und mit Leichtigkeit um jedes Hindernis herumschwimmen. Gelassenheit ist die Kunst, inmitten der größten Stürme innerlich ruhig zu bleiben und aus der Stille heraus die richtigen Entscheidungen zu treffen.

DAS GLÜCK ATMEN
Setzen Sie sich hin. Das Kinn leicht zurück, die Schultern gerade. Schließen Sie die Augen zu einem Spalt und beobachten Sie Ihren Atem. Wenn er gleichmäßig geworden ist, denken Sie beim Atmen an den Satz: »Ich bin Ruhe.« Beim Einatmen denken Sie an »ich bin« – und beim Ausatmen an »Ruhe«.

Woche über können Sie mit diesem schönen Gefühl leben. Wenn wir tagträumen oder uns an einen besonderen Urlaubstag erinnern, machen wir das bereits intuitiv. Aber es kommt darauf an, das bewusst zu tun. Wir Menschen haben einen verkümmerten Glücksspeicher. Wecken wir ihn auf! Mit ein bisschen Übung kann man ihn ganz leicht wieder auffüllen.

Es ist Sonntag. Heute ist Ihr freier Tag. Gehen Sie für diese Übung in die Natur. Ich habe im Wald mehr gelernt als von weisen, grauhaarigen Meistern. Blumen und Bäume sind manchmal die besten Lehrmeister. Eine alte Kiefer, ein Felsen und ein plätschernder Bach machten mich glücklicher als die klügsten Bücher. Wenn du in die Natur gehst, verkleinern sich deine Probleme.

Manchmal hilft es, einen Berg zu besteigen und vom Gipfel runterzuschauen wie der Held in einer berühmten Geschichte: Ein Mann stand einsam ganz oben auf einer Anhöhe. Weiter unten kletterten drei Männer

schwitzend und schauten zu ihm hinauf. Sie konnten nur seine Silhouette erkennen, nicht sein Gesicht. Sie rätselten, was er denn da oben mache. »Der hat bestimmt etwas verloren und sucht verzweifelt danach«, sagte der eine. »Nein, das glaube ich nicht, der hält nur Ausschau nach seinen Freunden, die wahrscheinlich von der anderen Seite aufsteigen.« »Blödsinn«, sagte der dritte, »der genießt nur den kühlen Wind.«
Als die drei endlich oben sind, fragen sie den Mann. »Entschuldigen Sie, habe ich Recht, dass Sie hier etwas suchen?« »Nein, mein Herr«, sagte der Mann, »ich habe nichts verloren.« »Aber Sie warten hier auf jemanden, oder?« Abermals verneinte der Mann. »Ich hab es gleich gesagt, Sie lassen sich nur den frischen Wind um die Ohren blasen, oder?«
»Nein, auch das tue ich nicht«, sagte der Mann. »Aber warum, zum Teufel, sind Sie dann hier, wenn Sie alle unsere Fragen mit Nein beantworten?« Der Mann antwortete ganz ruhig: »Ich stehe nur hier.«

EINATMEN, AUSATMEN

Suchen Sie ein schönes Plätzchen und verweilen Sie an diesem Ort mit allen Sinnen. Atmen Sie ruhig ein – und wieder aus. Denken Sie nur: einatmen, ausatmen. Sie sind einfach nur da. Wie der Mann in der obigen Geschichte. Sagen Sie: »Ich stehe nur hier.« Speichern Sie das Glück.

Porträt

Buddha der Großstadt

MEISTER LIS KUNST DER GELASSENHEIT

Nachwort 151

NORMALERWEISE stellt man sich chinesische Meister Furcht erregend vor. Mit einer Körperbeherrschung irgendwo zwischen Bruce Lee und dem Schlangenmenschen. Die »Aiiiiiiii« schreien und dann pfeilschnell meterhoch in die Lüfte springen, um mit der Zehenspitze eine Betonplatte zu zerschmettern. Oder mit riesengroßen Händen Eisenstangen packen und sie wie Eis zerschmelzen lassen.

Meister Li ist anders. Er verzichtet auf Showeffekte. Er lächelt lieber vollkommen entspannt wie ein Buddha. Die innere Ruhe, die er ausstrahlt, ist ansteckend. Wenn Meister Li Seminare hält, scheint sich seine Kraft wie eine angenehme Wärme bis in den letzten Winkel eines großen Saals zu verbreiten.

Es war die Urgroßmutter, die die spirituelle Begabung des kleinen Li entdeckte. Sie wurde seine erste Lehrerin und führte ihn, da war er vier Jahre alt, langsam in die Geheimnisse taoistischer Übungen ein. Und sein Großvater, der in der Inneren Mongolei eine chinesische Kräuterapotheke betrieb, zeigte ihm eine der vielleicht ältesten Übungen: Wie man das Chi in sich wachsen lässt – den Trick, wie man in Glückshormonen schwimmt. Sie heißt: »Wie man mit dem Herzen lächelt«. Dabei zaubert man ein sanftes Lächeln auf das Gesicht und lässt die positive Energie als Wohlgefühl über den ganzen Körper strömen. Bis heute charakterisiert diese Übung die Persönlichkeit Meister Lis am treffendsten: Er ist der Mann, der mit dem Herzen lächelt.

»Das Herz steuert unseren Körper und unseren Geist«, sagt Meister Li, »es ist Sex, ist Glück, ist Leben. Wir Chinesen nennen es den ›König der Organe‹. Es ist mehr als ein Muskel, für uns bedeutet es auch Seele. Wenn ein Chinese vom ›Denken‹ spricht, ist damit immer eine Herzenssache gemeint. Unser Schriftzeichen für das Denken ist eine Kombination der Symbole für Herz und Außenwelt. ›Du hast ein Gespenst in deinem Herzen‹, sagen wir, wenn jemand depressiv und ängstlich ist.«

Wie kann man ein gutes Herz bekommen? »Das Allerwichtigste ist, locker zu bleiben, sich nicht zu verkrampfen. Wer mit dem Herzen lächeln kann, hat seine Mitte gefunden. Kann das Leben aus dem Bauch heraus leben.«

Meister Li wurde am 17. November 1942 in Peking geboren, nach dem chinesischen Horoskop ist er ein »Pferd«. Menschen, die im Zeichen des »Wu« geboren sind, so sagt man, sind vom Charakter her eine Mischung aus Eleganz und Temperament. Sie sind optimistisch, feinfühlig, großzügig und freiheitsliebend.

Als Meister Li Kind war, befand sich China im Umbruch. Seine Jugend war geprägt vom Krieg. Es war die Zeit der japanischen Invasion und des blutigen Bürgerkriegs zwischen den kommunistischen Truppen Mao Zedongs und des Nationalisten um Chiang Kai-schek. Li war sieben Jahre

BITTE LÄCHELN

Meister Li stammt aus einer alten chinesischen Familie, in der fünfzehn Gottheiten aus drei Religionen verehrt wurden. So wurde der kleine Li vom Taoismus, Buddhismus und der konfuzianischen Tradition Chinas geprägt. Seine Urgroßmutter war seine erste Lehrerin und gab ihm den Ehrennamen »Yin Zhong« – »Innere Kraft der Herzlichkeit«. Den lächelnden Buddha, eine alte Figur aus Sri Lanka, bekam Meister Li von einem Schüler geschenkt.

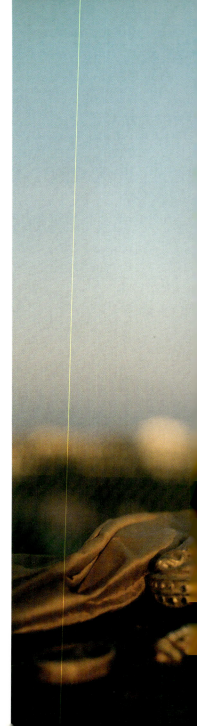

alt, als Mao schließlich den Kampf gewann und sich der geschlagene Chiang Kai-schek nach Taiwan absetzte. Pu Yi, der letzte Marionettenkaiser des Riesenreichs, saß längst im Gefängnis und wurde »umerzogen«. Erst in den 50er-Jahren kam Pu Yi frei und jobbte fortan als Unkraut jätender Gärtner.

Li spielte zu dieser Zeit in der Verbotenen Stadt. Sein Onkel arbeitete in einem Tempel. Er erinnert sich noch, wie er als Junge auf die alte äußere Mauer kletterte, die damals noch die gewaltigen Palastanlagen umschloss. Sie ist längst verschwunden und machte einer breiten Ringstraße Platz, auf der heute der Verkehr durch Pekings Innenstadt braust.

Für Meister Lis freigeistige Familie, in der seit Generationen das Wissen um die Heilkünste Chinas von Generation zu Generation weitergegeben wurde, war die so genannte Kulturrevolution eine schwere Zeit. Intellektuelle wurden gefoltert und ermordet, Kulturdenkmäler zerstört und alte Traditionen galten als Hochverrat. Li erzählt von seinem Vater, einem Chi-Meister, der die Wushu-Kampfkünste wie kein Zweiter beherrschte. »Er konnte 50 Pfund schwere Steinblöcke auf seinen Fingerspitzen balancieren, so, wie ein Kind mit Bällen spielt.« Die Kommunisten steckten ihn in ein Arbeitslager an der Grenze zu Sibirien. Ein sicheres Todesurteil. Doch nach 17 Jahre Haft kehrte er nach Hause zurück, dank seiner Fähigkeiten. Nur zwei der 500 Gefangenen hatten überlebt.

Li Zhi-Chang, der von seiner Urgroßmutter den taoistischen Namen »Yin Zhong« erhielt (»Innere Kraft der Herzlichkeit«), wuchs in einem Haushalt auf, in dem fünfzehn Gottheiten aus drei Religionen verehrt wurden: aus dem Taoismus, Buddhismus und der konfuzianischen Tradition. Der begabte junge Li erhielt seine Ausbildung zunächst heimlich, durch den berühmten taoistischen Meister Liu Duzhou, der ein Freund seines Vaters war. Es folgten in den Jahren darauf Unterweisungen bei insgesamt elf taoistischen und buddhistischen Lehrern verschiedener Richtungen

ABWARTEN UND TEE TRINKEN

Die lässigste Art der Entspannung: Trinken Sie eine Tasse Tee – und kosten Sie von dem Geschenk des Augenblicks. Aber bloß nicht übertreiben! Von dem Mönch Bodhidharma berichtet die Legende, dass er eines Tages beim Meditieren einschlief. Darüber ärgerte er sich so sehr, dass er sich die Wimpern abschnitt. Doch als sie zu Boden fielen, schlugen sie Wurzeln und trieben aus. Ein wunderschöner grüner Strauch wuchs heran. Bodhidharma pflückte ein paar von den zarten Blättern: Es war Tee! Brühte Wasser auf und kostete von dem Getränk. Und fühlte sich wie neu geboren.

sowie Yoga, Tai-chi-Quan und das »stille Qi-Gong«. Die wichtigsten Lehrer waren die bekannten chinesischen Meister Gui Ning, Liu Gui Zhen, Zhang Hong Bao und der tibetische Lama Zhoba.

Bis zu seinem 18. Lebensjahr war der junge Li außerdem begeisterter Sportler. Boxte als Profi, spielte in der Eishockeymannschaft Pekings, gewann Meisterschaften im Fechten, brillierte im Tischtennis und galt sogar als riesiges Fußballtalent. Dann wandte er sich ganz den inneren Heilkünsten zu. Er absolvierte eine klassische Ausbildung in traditioneller chinesischer Medizin. Während der Kulturrevolution bekam Li Berufsverbot und musste skurrile Jobs annehmen. »Ich war zum Beispiel Beisitzer an einem kleinen Gericht in Peking – und saß den ganzen Tag schweigend in der Ecke«, erzählt er.

Bevor Li im Alter von 46 Jahren in den Westen ging, arbeitete er 21 Jahre als Akupunkteur und Qi-Gong-Heiler in einem Pekinger Krankenhaus.

SETZ DICH HIN UND WERDE GLÜCKLICH

Es war einmal ein großer Meister, der saß friedlich unter einem Baum. Als ihn ein neugieriger Schüler fragte, »was ist das Wunderbarste auf der ganzen Welt?«, da antwortete er, »hier sitze ich und bin ganz für mich selbst«.

Viele Wege führen zum Glück. Einer davon beginnt in unserem Herzen. Gönnen Sie sich täglich ein paar Minuten Ferien für die Seele. Wie Meister Li, der hier beim Sonnenaufgang die fernöstliche Leichtigkeit des Seins genießt – über den Dächern von München auf einem Parkdeck.

Heute zählt Meister Li zu den bedeutendsten Großmeistern Chinas, er ist Leiter der Europäischen Qi-Gong-Gesellschaft (Eu-Chi) und Direktor des Münchner Qi-Gong-Instituts. Als Botschafter zwischen östlicher und westlicher Medizin hält er viel beachtete Vorträge und Seminare in ganz Europa.

Er unterrichtet das »stille Qi-Gong«, eine Kombination von Übungen aus dem reichen Schatz der inneren Heilkünste chinesischer, indischer und tibetischer Überlieferungen. In den Kursen lernen die Schüler zunächst einmal »nichts zu tun«: die Kunst des Lockerbleibens. Mit einfachen Übungen wie Atmen und dem Lenken der Vorstellungskraft auf das Chi werden der Körper und die Seele wieder mit frischer Lebensenergie aufgetankt. Verkrampfungen lösen sich auf natürliche Weise, der Körper regeneriert sich durch ein Gefühl der Ausdehnung, »so, wie sich eine Blume aufrichtet, wenn sie gegossen wird, oder wie es die Hefe mit dem Brotteig macht«. »Im Westen«, sagt Meister Li, »strengen sich die Menschen ihr ganzes Leben lang furchtbar an, um sich zu entspannen. Ist das nicht verrückt?«

Als Logo für seine Schule wählte Meister Li das alte Schriftzeichen für Chi (Lebensenergie). Es ist eine Kombination aus den Zeichen für »Feuer« (unten) und »nichts« (oben). Im Sinne der chinesischen Philosophie symbolisiert das eine die Bewegung, das andere die Stille. Aus dem Sein entsteht das Nichts und umgekehrt. Oder wie Meister Li sagt: »Wenn die Stille den Höhepunkt erreicht hat, erzeugt sie die Bewegung des Chi.«

Im Taoismus ist das der Weg des »Chang dao«, des ewigen Wandel(n)s, so wie das »Wu Wei«, das »Tun ohne Tun«. Wu, das geschwungene chinesische Schriftzeichen für nicht oder nichts, bedeutet in seinem bildhaften Ursprung womöglich »Wald und Feuer«. So, als hätte das Feuer mitten im Wald eine Lichtung gebrannt – eine offene Stelle, die sich wieder mit Leben füllen kann. Eine Möglichkeitsform, eine Leerstelle: wie ein

Krug, der dazu da ist, als Gefäß Wasser aufzunehmen. Laotse hat das im »Tao te King« so beschrieben:

»Dreißig Speichen gehören zu einem Wagenrad, doch erst durch das Nichts in der Mitte kann man sie verwenden; man formt Ton zu einem Gefäß, doch erst durch das Nichts im Inneren kann man es benutzen; man macht Fenster und Türen für das Haus, doch erst durch ihr Nichts in den Öffnungen erhält das Haus seinen Sinn. Somit entsteht der Gewinn durch das, was da ist, erst durch das, was nicht da ist.«

MICHAEL CORNELIUS

AUF EINEN BLICK: EINE WOCHE ENTSPANNUNG

Alle sieben Lektionen im Schnelldurchlauf. Ohne viel blättern zu müssen, finden Sie hier die wichtigsten Tipps und Übungen in Kurzform beschrieben – als Gedächtnisstütze zum täglichen Üben.

Montag Lektion 1

Einatmen, ausatmen

WIE MAN ZUR RUHE KOMMT
Stellen Sie sich das Einatmen wie einen Ball vor, der sich mit frischer Luft füllt. Beim Ausatmen wird der Ball wieder flach. Den Atemvorgang bewusst machen: Das Zwerchfell bewegt sich beim Einatmen nach unten, beim Ausatmen nach oben.

ÜBUNG 1: INSTANT-ENTSPANNUNG
Sich hinsetzen – und alle viere von sich strecken. Atmen Sie »gähnend« ein, wenn Sie Arme und Beine von sich strecken – beim Ausatmen alles wieder locker lassen.

ÜBUNG 2: FROSCH
Beim Einatmen die Lunge zu etwa 70 Prozent füllen. Luft kurz anhalten und dann erst zu 100 Prozent einatmen. Atmen Sie jetzt extrem langsam aus. Das entspannt.

ÜBUNG 3: KROKODIL
Sich auf den Bauch legen. Die Stirn auf die verschränkten Arme legen. Auf das Atmen konzentrieren. Beim Einatmen spüren, wie die Bauchmuskeln gegen den Boden pressen. Beim Ausatmen fühlen, wie der Druck entweicht.

Dienstag Lektion 2

Nichts tun

WIE MAN DIE SINNE ENTSPANNT
Auf einen Stuhl setzen. Rücken aufrecht, Kopf gerade. Das Kinn leicht angezogen. Die Hände ruhen mit der Handfläche nach oben auf den Knien. Zehen in den Boden krallen, loslassen. Augenlider zu einem Spalt schließen – Störendes ausblenden.

ÜBUNG 1: DIE SECHS SINNE ENTSPANNEN
Zur Ruhe kommen und nach und nach die lärmenden Gedankenströme im Kopf verstummen lassen. Lauschen und blicken Sie in die Ferne – und in sich hinein.

ÜBUNG 2: LÄCHELN
Im entspannten Sitzen die Augenbrauen lockern, ein leichtes Lächeln auf den Lippen entstehen – und das Glücksgefühl über den Körper strömen lassen.

ÜBUNG 3: MUND ENTSPANNEN
Der Mund ist leicht geöffnet, die Zunge liegt flach. Die Lippen sind locker, ebenso der Unterkiefer, den Sie leicht hängen lassen. Denken Sie jetzt an die Zungenspitze, dann an die Zungenwurzel. Atmen Sie ruhig ein und aus.

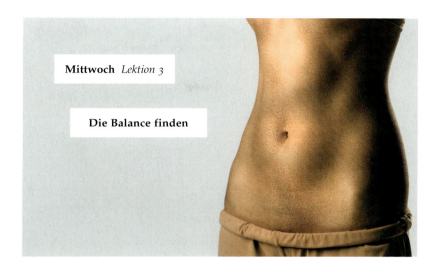

Mittwoch *Lektion 3*

Die Balance finden

WIE MAN MIT DEM BAUCH DENKT
Nach chinesischer Vorstellung befindet sich unterhalb des Bauchnabels der wichtigste Chi-Speicher des Menschen: das untere »Dantian«. Mit Hilfe der Vorstellungskraft kann man frisches Chi aus der Natur aufnehmen – und im Bauch speichern.

ÜBUNG 1: AN DEN BAUCHNABEL DENKEN
Ruhig ein- und ausatmen. Auf den Bauchnabel konzentrieren. Nach ein paar Minuten spüren Sie ein wohliges Gefühl der Entspannung, das sich im Bauchraum ausbreitet.

ÜBUNG 2: GOLDENER BAUCH
An den Nabel denken. Stellen Sie sich dabei vor, dass Ihr Bauch beim Einatmen in goldenes Licht getaucht ist. Das wirkt stärkend und regt das Nervensystem an.

ÜBUNG 3: DIE GLÜCKSZONE
Auf das untere »Dantian« konzentrieren (eine Hand breit unterhalb des Bauchnabels und zirka 3 cm unter der Haut). Atmen Sie ein, atmen Sie aus. Ganz automatisch tanken Sie jetzt erfrischende Lebensenergie. Ihr Körper entspannt sich.

Donnerstag Lektion 4

Rückgrat zeigen

WIE MAN DIE WIRBELSÄULE ENTSPANNT
Der Trick des Yogameisters: »Arschbacken zusammen!« – dann richtet sich der Körper wie von selbst auf. Das Kinn zurück, damit eine leichte Spannung im Nacken entsteht. Die Hüfte leicht nach vorne schieben. Dann stehen Sie so fest wie ein Baum.

ÜBUNG 1: DEN RÜCKEN ENTSPANNEN
Embryohaltung: auf dem Rücken liegend, die Knie anwinkeln und umarmen; die Beine liegen ganz nah an der Brust an. Das lockert und entkrampft.

ÜBUNG 2: DIE GROSSE WELLE
Im Stehen raupenförmige Bewegungen mit dem Rücken machen. Beginnend mit dem Steißbein, dann langsam nach oben, über Lenden-, Brustwirbel und Halswirbel.

ÜBUNG 3: AN DIE WIRBELSÄULE DENKEN
Sich entspannen und an den großen Wirbelpunkt denken (zwischen dem 7. Halswirbel und dem 1. Brustwirbel). Ein paar Minuten die Gedanken dort halten, dann langsam Wirbel für Wirbel nach unten »wandern«. Bei den Lendenwirbeln verweilen.

WIE MAN SEINE GLIEDER ENTSPANNT

»Wenn der Schuh sitzt, ist der Fuß vergessen«, sagen die Taoisten. »Mach dich locker, und du bist frei.« Mit Gedankenkraft lassen sich Finger- und Zehenspitzen entspannen. Als wären sie Antennen, die das Chi empfangen.

ÜBUNG 1: DIE MITTE SPÜREN

Denken Sie an den Mittelpunkt Ihrer Hände. Dort befindet sich der »Menschenpass«, ein wichtiger Chi-Punkt. Ein paar Minuten verweilen – das beruhigt das Herz.

ÜBUNG 2: BUDDHA IN DEN FÜSSEN

An den »Buddha-Punkt« denken (liegt etwas oberhalb des Fußsohlen-Mittelpunkts) – Das ist die »sprudelnde Quelle« der Taoisten. Sorgt für tiefe Entspannung.

ÜBUNG 3: FINGERSPITZENGEFÜHL

Sich hinsetzen, die Hände an die Leisten legen. Auf die Fingerspitzen konzentrieren, in der Reihenfolge: Mittelfinger, Zeigefinger, Ringfinger, Daumen, kleiner Finger. Die Glieder lockern sich und dehnen sich aus. Das löst eine Welle der Entspannung aus.

Samstag *Lektion 6*

Blaumachen

WIE FARBEN DEN KÖRPER ENTSPANNEN
Die Wirkung der Farben auf unsere Gesundheit ist ein wichtiges Prinzip der chinesischen Medizin. Durch Konzentration auf bestimmte Farben lassen sich körperliche und emotionale Verspannungen lösen.

ÜBUNG 1: IN ROSEN BADEN
Stellen Sie sich die Blütenpracht und den angenehmen Duft von Rosen vor – nehmen Sie ein gedankliches Rosenbad. Die Farbe wirkt wohltuend auf die Seele.

ÜBUNG 2: GELB DENKEN
Ganz intensiv an ein leuchtendes Gelb denken. Die warme Kraft der Farbe den Körper durchströmen lassen. Sich dabei einen wunderbaren Frühlingstag vorstellen.

ÜBUNG 3: REGENBOGEN
Denken Sie an die Farben des Regenbogens. Ihre Stirn denken Sie sich in weißes Licht getaucht. Der Halsbereich in Rot, die Brust in Blau, der Magen in Gelb, der Unterbauch in Lila. Die Entspannungswelle vom Kopf bis zum Bauch gleiten lassen.

Sonntag *Lektion 7*

Das Glück speichern

WIE MAN DIE GELASSENHEIT LERNT
Warum sind die Menschen nervös und verspannt? Weil sie sich so schnell aus der Ruhe bringen lassen. Stille und innere Ruhe können erst entstehen, wenn man lernt, den Lauf der Dinge mit Gelassenheit zu sehen.

ÜBUNG 1: ABWARTEN UND TEE TRINKEN
Nur das tun, was man tut, ohne mit den Gedanken abzuschweifen: »Wenn ich gehe, gehe ich, wenn ich Tee trinke, trinke ich Tee. Und wenn ich sitze, sitze ich.«

ÜBUNG 2: DIE BALANCE FINDEN
In die Hocke gehen. Die Arme ruhen angewinkelt auf den Knien. Beide Hände bedecken sanft Ihr Gesicht. Atmen Sie ein und aus.

ÜBUNG 3: DAS GLÜCK SPEICHERN
Auf den Rücken legen und die Augen schließen. Reisen Sie in Gedanken durch den Körper, vom Kopf bis zum Fuß und zurück. Entspannen Sie dabei Schritt für Schritt jeden einzelnen Muskel des Körpers durch kurzes Anspannen – und wieder loslassen.

REGISTER

Atmen . . . . 19 f.
An den Himmel denken 61
An den Rand des Himmels schauen . . 44
An die Wirbelsäule denken 84
Auf leisen Sohlen 101
Augen 45, 49
Augäpfel entspannen 49
Autofahren 8, 12
Bandscheiben 80
Bauch . . . . 58 f.
Bauchatmung 34
Bauchhirn 67
Bauchnabel 20, 58, 67,
Bedienungsanleitung 20
Blasebalg 37
Bruce Lee 152
Buddha 20, 26, 37, 62, 108, 145
Buddhas Bedienungsanleitung
. . . . 27, 55, 111, 117
Buddha in den Füßen 104
Chi . . . . 47, 58, 61 f., 73, 79, 84, 91, 98,
. . . . 104, 108, 116, 160
Chiang Kai-schek 153
Chin-lu 62
Das fliegende Boot 126
Das Glück atmen 148
Das Glück speichern . . . . 139 f.
Den Atem fühlen 20
Den Stress ausschütteln 78
Der große Schlaf 47
Die Balance finden 69, 135
Die Giraffe 88

Die Glückszone 73
Die große Welle 82
Die Kerze 33
Die Knochen entspannen 107
Die Mitte spüren 103
Die Nase frei machen 118
Die 9-Buddha-Übung 120
Die sechs Sinne entspannen . . . 40, 45 f.
Die vierfache Entspannung 46
Ein perfekter Sonntag 136
Eine Woche Entspannung . . . . . . 162 f.
Endlich durchblicken 142
Erleuchtung 23
Fahrschule 8, 13
Fahrstunde 12
Farben . . . . 114 f.
Feintuning 12
Fingerspitzengefühl 98, 104
Fledermaus 23
Freud, Siegmund 145
Frosch 24
Frühlingsgefühle 123
Fünf-Minuten-Oase 12
Fußentspannung 97, 107
Gegenbauchatmung 31, 36
Gelassenheit 8
Gelb denken 117
*Geschichte vom Abwarten und
Teetrinken* 157
Geschichte vom Mann auf dem Berg
. . . . 149
Geschichte vom Glück 159

Register **171**

Geschichte von der Entdeckung der Langsamkeit 100
Geschichte von der Gelassenheit 54
Geschichte von der weisen Katze 16
Glück 20
Glieder entspannen 96
Glückshormone 67
Goldener Bauch 67
Großer Hammer 84
Hara 62
Herz 144, 153
Himmelspass 61, 107
Hundeasket 23
Instant-Entspannung 29
Inter Mailand 13
Jaguar 132
Kailash 93
Kampfkunst 16, 156
Katzen 11, 16
Kiefergelenk 13
Klavierspielen 8
Knochenatmung 108
Kolibri 12
Körperatmung 36
Krokodil 24
Kuching 16
Kulturrevolution 156
Kung Fu 13
Langsamkeit 101
Laotse 54, 93, 108, 160
Löwen 15
Lotus 62

Mantra 122
Mao 153
Meditation 23
Meridiane 91, 103, 116
Menschenpass 61, 103
Mit dem Bauch denken 145, 148
Mit dem Herzen atmen 36
Mit dem Herzen lächeln .... 46 f.
Mit dem Lotus atmen 62
Mit den Knochen atmen 91
Mit den Ohren lächeln 47
Mund entspannen 55
Mönche 27, 109
Nichts tun 40, 52
Odem 26, 35
Ohren 47
Peking 133, 157
Prana 26, 35
Pu Yi 156
Qi-Gong 11, 13, 34, 160
Ratte 16
Regenbogen 125
Relaxation response 69
Rosenbad 114, 129
Rücken .... 76 f.
Ruhige Kugel 101
Schildkröte 11,
Sich fallen lassen 70
Siddharta 109
Sisyphos 140
Song 69
Sprudelnde Quelle 52, 104, 108

Stress *13, 78*
Tagträumen *133*
Takahashi *13*
Taoisten *52, 70, 87, 108, 160*
Tee *142,*
Tschuang Tse *108*
Unteres Dantian *62, 65, 69*
Weißes A, roter Lotus *129*
Wie man das Glück findet *136*
Wie man richtig atmet *22, 31*
Wie man richtig geht *77*
Wie man richtig sitzt *42, 86*
Wie man richtig steht *77*
Wirbelsäule . . . . *74 f., 84*
Wundermittel *140*
Wu Wei . . . . *8, 52 f., 160*
Yang-Shen *35*
Yang und Yin *70*
Yoga *13*
Yogis *27*
Zen *15*
Zwerchfell . . . . *30 f.*

Verzeichnis der Kalligraphien:

Schriftzeichen für Atmen 35
Schriftzeichen für Nichts tun 53
Schriftzeichen für Chi 64
Schriftzeichen für Tao 87
Schriftzeichen für Buddha 109
Schriftzeichen für Lotus 122
Schriftzeichen für Herz 144

Verzeichnis aller Übungen:

Lektion 1: Einatmen, ausatmen
Bauchatmung 34
Den Atem fühlen 20
Die Kerze 33
Körperatmung 36
Frosch 24
Gegenbauchatmung 31, 36
Instant-Entspannung 29
Krokodil 24
Mit dem Herzen atmen 36
Wie man richtig atmet 22, 31

Lektion 2: Nichts tun
An den Rand des Himmels schauen
. . . . 44
Augäpfel entspannen 49
Der große Schlaf 47
Die sechs Sinne entspannen . . . 40, 45 f.
Die vierfache Entspannung 46
Mit dem Herzen lächeln . . . . 46 f.

Mit den Ohren lächeln 47
Mund entspannen 55
Wie man richtig sitzt 42

Lektion 3: Die Balance finden
An den Bauchnabel denken 58
An den Himmel denken 61
Die Balance finden 69
Die Glückszone 73
Sich fallen lassen 70
Goldener Bauch 67
Mit dem Lotus atmen 62

Lektion 4: Rückgrat zeigen
An die Wirbelsäule denken 84
Die Giraffe 88
Die große Welle 82
Den Stress ausschütteln 78
Mit den Knochen atmen 91
Wie man richtig geht 77
Wie man richtig sitzt 86
Wie man richtig steht 77

Lektion 5: Locker bleiben
Auf leisen Sohlen 101
Buddha in den Füßen 104
Die Knochen entspannen 107
Die Mitte spüren 103
Fingerspitzengefühl 98, 104
Fußentspannung 97, 107
Ruhige Kugel 101

Lektion 6: Blaumachen

Die Nase frei machen *118*
Das fliegende Boot *126*
Die 9-Buddha-Übung *120*
Gelb denken *117*
Regenbogen *125*
Rosenbad *114, 129*
Weißes A, roter Lotus, goldener Mond
.... *129*

Lektion 7: Das Glück speichern

Das Glück atmen *148*
Das Glück speichern .... *139 f.*
Die Balance finden *135*
Ein perfekter Sonntag *147*
Endlich durchblicken *142*
Tagträumen *133*
Wie man das Glück findet *136*
Mit dem Bauch denken *145, 148*

DANKSAGUNG

Wir danken: Choulan, Wanqi, Xin-Jin, Chung Yu, Ellen Zimmerman (Etienne Aigner) sowie dem Studio Hunger & Simmeth, dem Münchener Museum für Paläontologie und dem Café Venezia

KONTAKT

Qi-Gong-Zentrum
Li Zhi-Chang
Karl-Marx-Ring 41
81735 München
Tel.: 0 89-69 34 10 02
Fax: 0 89-69 34 10 03